KB163573

생각의 편집

「才能をひらく編集工学 世界の見方を変える10の思考法」
by 安藤昭子
SAINOU WO HIRAKU HENSHUKOGAKU
SEKAI NO MIKATA WO KAERU 10 NO SHIKOHO
Copyright © 2020 by AKIKO ANDO
Original Japanese edition published by Discover 21, Inc., Tokyo, Japan
Korean edition published by arrangement with Discover 21, Inc.
through Japan Creative Agency Inc., Tokyo and Eric Yang Agency, Inc., Seoul.

생각의
편집

안도 아키코 지음 | 이정은 옮김

홍익출판 미디어그룹

들 어 가 며

변화는 항상 일어나는 일이지만 오늘의 세상은 일찍이 경험해 본 적 없는 속도와 양으로 거침없이 바뀌고 있습니다. 기후변화나 국제정세도 전례 없는 양상으로 전개되어 3년의 변화가 3개월 만에, 10년의 변화가 반년 만에 일어나는 현상을 보게 되는 오늘입니다.

그러한 변화는 우리가 지금까지 받아들여 왔던 세상에 대한 기대감이나 익히 알고 있는 방법론을 모조리 바꾸라고 압박하고 있습니다. 수업이나 회의가 비대면으로 진행되는 현상은 코로나바이러스 감염증 때문에 처음 시작된 것은 아니지만 이런 현상의 유용성을 따지기 전에 애초에 학교란 무엇인지, 회의는 누구를 위한 것인지, 사무실은 무엇을 하는 곳인지, 도시의 기능은 어떤 것인지를 냉정하게 생각해 보게 합니다.

그래서 지금은 오래전에 해결했어야 하는 과제들을 손조차 쓰지 못한 채로 책상 위에 가득히 쌓아 놓고 있는 방학의 마지막 날 같은 상황입니다. 앞으로 세상을 압도하는 이런 변화는 더욱 속도를 높이게 될까요? 아니면 결국 아무 변화도 일어나지 않을 것이라고 보십니까?

싫든 좋든 간에 변화는 여러 곳에서 '줄탁동시啐啄同時'처럼 일어나게 될 것입니다. 중국 송나라 때 불서《벽암록碧巖錄》의 화두로 등장하면서 불교의 중요한 말씀이 된 이 말에서, '줄啐'은 병아리가 알 속에서 쪼아 대는 것을 말하고 '탁啄'은 어미 닭이 알의 바깥쪽에서 쪼아 대는 것을 가리킵니다. 이 말은 줄과 탁이 서로 잘 맞을 때, 껍질이 부서지고 알에서 병아리가 태어난다는 뜻입니다.

여기서 병아리는 깨달음을 향해 앞으로 나아가는 수행자, 어미 닭은 수행자에게 깨우침의 방법을 일러 주는 스승으로 비유할 수 있습니다. 지금 바깥쪽에서 껍질을 쪼아 대는 것은 새끼의 탄생을 바라는 어미 닭만이 아니라 무자비한 외압일 수도 있지만 그럼에도 불구하고 껍질은 언젠가는 분명히 깨져 나갈 것입니다.

이 책은 누구나 마음속에 잠재되어 있는 '편집력'을 일깨워 개인으로서, 나아가 집단으로서의 재능을 아낌없이 발휘하는 것을 목표로 합니다. 스스로 껍질을 깨부숴 밀려오는 변화를 내 편으로 만든다는 의미입니다. 편집공학은 줄탁동시의 마음으로 그 프로세스의 모든 것을 강력하게 지원합니다.

제1장에서는 편집공학의 기본적인 생각법을 설명합니다. 편집이란 무엇인지, 왜 여기에 공학을 더해야 하는지, 그리고 편집공학과 재능의 관계에 대한 문제도 다룹니다.

제2장은 이 책의 뼈대에 해당합니다. 혼돈의 세상에서 살아남을 생각 습관뿐만 아니라 이때 반드시 익혀 둬야 할 힘을 9가지 접근법으로 실타래 풀듯 풀어 가면서 편집공학의 기본 양식을 제시합니다.

제3장은 제2장에서 얻은 편집공학의 원칙들을 보다 실천적인 방식으로 활용해 보는 장입니다. 이 책에서 제시하는 재능을 열어 주는 편집사고의 10가지 방식을 일상에서 연습해 보시길 바랍니다. 분명히 너무 익숙해서 오히려 지겨웠던 일상의 풍경들이 바뀌게 될 것입니다.

제4장에서는 편집공학이 실제로 어떤 가치를 제공하는지를

안내하기 위해 제가 일하고 있는 편집공학연구소의 활동 공간을 소개합니다. 사업이나 프로젝트에 적용하는 데 있어 힌트가 될 만한 요소들을 많이 접할 수 있을 것입니다.

제5장은 편집공학의 세계관을 필자 나름의 관점으로 그려 내고자 시도한 것입니다. 이 책을 처음부터 읽어 왔다면 보다 입체적인 이미지가 그려질 수 있도록 편집공학의 분명한 그림이 보이도록 노력했습니다.

본문 중간중간 여러 관련 정보들에 첨부 내용을 박음질한 듯 집어넣었습니다. 편집공학의 이해를 깊게 만들어 줄 세로줄과 관점을 넓혀 줄 가로줄이 직조하듯 왔다 갔다 하면서 한 편의 큰 미술작품을 완성하는 듯한 이미지로 구성했습니다. 이 책을 끝까지 읽을 때쯤에는 분명 새로운 세계가 눈앞에 펼쳐질 것입니다. 당신을 응원합니다.

안도 아키코

제 **1** 장

편집공학이란
무엇인가?

모든 것은
편집으로부터 시작된다

왜 편집공학인가?

당신은 '편집'이라는 말에서 무엇이 제일 먼저 떠오릅니까? 보통은 잡지나 서적의 편집, 영화나 다큐멘터리 영상의 편집같이 미디어 정보를 다루는 직업적인 기능의 이미지가 제일 먼저 그려질 것입니다.

그러나 이 책에서는 편집이라는 말을 훨씬 더 넓은 의미에서 다룰 것입니다. 우리는 온갖 형태의 정보에 둘러싸여 살아가고 있습니다. 일어날 때 몸의 느낌, 바깥의 날씨, 외출할 때까지 기다리는 시간, 텔레비전에서 흘러나오는 뉴스, 아침식사, 오늘의 옷차림 등 어느 것이든 정보에 해당하는데, 그러한 잡다한 정보들을 일상으로 받아들여 쉴 새 없이 편집하는 행위를 편집공학이라고 이해하면 되겠습니다.

우리가 인지하는 것, 표현하는 것, 이해하는 것, 그리고 소통하는 것은 편집이라는 행위 없이는 성립되지 않습니다. 아침에 일어나서 하루 종일 활동하는 한 편집하지 않는 시간은 없으며, 잠들어 있는 동안조차 뇌는 편집 작업을 쉬지 않고 진행하고 있습니다. 의식하든 안 하든 상관없이 우리 인간은 편집이라는 행위로 인해 살아가고 있는 것입니다.

나라는 생명체도 지금 이 순간 무수한 활동으로 인해 편집이 되고 있습니다. 유전자나 세포, 신체 장기나 뇌내물질에 이르기까지 여러 정보의 연쇄작용에 의해 생명을 유지하고 있는데, 이것도 엄밀한 의미에서 편집 과정입니다.

그렇다고 인간만이 편집을 하고 있는 것은 아닙니다. 개도, 메뚜기도, 바다도, 산도, 학교나 회사도, 도시나 사회도 복잡하게 얽혀 있는 정보가 어떤 형태로든 편집이 되어 저마다의 양상으로 모습을 드러내고 있는 것입니다. 이처럼 편집이라는 행위는 이 세계를 구성함에 있어 빼놓을 수 없는 요소입니다.

편집이라는 것은 어디로부터 와서, 언제부터 시작되었을까요? 아주 먼 옛날 인간도 생물도 존재하기 훨씬 전부터 정보는 생명과 함께 태어났고 생명이라는 양식을 앞으로 나아가게 하도록 편집이라는 행위가 시작되었습니다.

원시 지구에 날아든 어떤 정보 코드가 생명의 '근본 사고

방식metaprogram'이 되어 그것을 지키기 위한 생체막biological membrane을 만들었고, 스스로 안과 밖을 나눠서 개체로서의 생명 활동을 시작했습니다. 그 행위 속에서 정보의 프로그램과 그것을 다루는 편집의 구조적 차이가 생물의 종을 다양하게 만들어 냈고 각각을 진화시켜 왔습니다.

단세포생물이 다세포생물로 진화를 이룬 것도, 인류가 두 다리로 걷기 시작한 것도, 불을 발견해서 의식주를 해결한 것도 모두 정보 편집이 관여한 것입니다. 이와 같이 인류, 생물, 지구, 우주는 편집의 연속성에 의해 움직여 왔다고 할 수 있습니다. 지금까지의 설명을 통해 편집이란 실로 속이 깊고 품이 넓다는 사실을 알 수 있을 것입니다. 아무리 파보아도 그 내용을 좀처럼 파악하기 어려울 정도입니다.

이 책에서 말하는 '편집력'이란 내일의 일이나 생활에 도움이 되는 기능 같은 범주 안에 머무는 게 아닙니다. 이 세계 어느 곳에나 존재할 편집의 행위를 생각하면서, 새로운 것에 대한 시작이나 거기에 있는 방법을 발견해 내는 힘이 이 책에서 다루고 싶은 편집력입니다. 그리고 그러한 편집의 구조를 하나하나 밝히면서 사람과 사회의 힘으로 응용해 나가는 방법론을 찾아보는 것이 편집공학입니다.

왜 편집을 공학하는가?

지식공학이나 정보공학이란 말은 많이 들어 익히 알고 있습니다. 이에 비해 편집공학은 생소한 개념일 수 있습니다. 편집공학이란 생명의 행동에서부터 인류의 역사까지, 인간의 인지에서부터 표현까지, 철학에서부터 시스템 공학까지, 문화에서 우주론까지, 그 무엇이든 간에 편집이라는 공통된 방법론으로 연결해서 담아내는 그릇과도 같습니다.

편집과 공학은 왜 결합할 필요가 있을까요? 편집공학의 '공학engineering'에 대해, 이 말을 처음 만든 편집공학연구소 마쓰오카 세이고松岡正剛 소장은 '상호작용하는 복잡함을 복잡한 것 그 자체로 처리하는 기술'이라고 정의합니다. 복잡한 것을 단순화하거나 세분화하는 등의 작업을 거치지 않고 그 자체로 처리한다는 이 말은 그 어느 때보다 복잡한 오늘의 사회에서 편집공학의 역할과 가능성을 적확하게 정의하는 말이라고 생각합니다.

지금 우리를 둘러싸고 있는 대량의 정보들은 여러 가지 테크놀로지의 진보에 의해 몇 겹으로 둘러싸여서 자동적으로 편집된 상태입니다. 구글의 알고리즘, 뉴스미디어의 머리기사, SNS를 넘어 흘러 들어오는 정보들이 거의 공기처럼 우리들의 인식세계를 꽉 메우고 있습니다.

인간의 외부에서 정보를 다루는 공학적인 힘이 엄청난 속도로 진보해 나가는 와중에 우리 내면의 편집의 힘은 그것을 도저히 따라잡을 수 없는 상태로 존재합니다. 인간에 대한 배려라곤 털끝만큼도 없이 흘러 들어오는 정보들에 대해, 우리는 너무나 무방비하게 내버려 두고 있습니다. 결국 우리의 정보 처리 능력으로는 따라잡을 수 없게 되어 근본적인 인지적 위기에 놓여 있다고 할 수 있습니다.

그런 의미에서 편집공학은 편집을 공학하고 공학을 편집함으로써 이토록 복잡한 현대생활 속에서 인간에게 원래 주어진 편집력이라는 힘이 활력적으로 되살아나는 것을 목적으로 삼습니다. 문제는 이 힘이 나타나는 방식이 사람마다 다르다는 사실입니다. 이것을 우리는 '재능'이라고 부릅니다.

재능의 '재才'는 기본이나 근본을 가리키는 말이고, 그것을 밖으로 끌어내어 발휘하도록 만드는 것이 '능能'입니다. 다시 말해서 '재'는 소재의 측면을, '능'은 기술자의 능력을 말합니다. 따라서 재능이란 끌어내는 쪽과 끌리도록 하는 쪽의 상호작용을 통해 나타나는 것이라고 할 수 있습니다.

사람이면 누구나 그 자신 안에 그만의 '재'가 분명히 잠재되어 있습니다. 자기만의 '재'를 이끌어 내는 것은 다른 누구도 아닌 자기 자신의 '능'입니다. 그렇다면 자기 내면에 있는 '재'를 얼마나 이끌어 낼 수 있을까요? 게다가 자기 자신만이 아니라 타자의 '재'나 팀의 '재', 나아가 자기가 속한 조직의 '재'도 있을 것입니다.

소재의 내면과 외면을 자유롭게 들락날락할 수 있는 '능'을 소유하려면 유연한 편집력이 필요합니다. 그리고 중요한 것은, 재능이란 자신의 내면에서 완결되는 게 아니라 환경과의 상호 작용을 통해 이끌어 내는 것입니다.

멋진 모양의 돌을 정원의 좋은 자리에 놓듯이, 나무줄기가 정원사에 의해 가장 좋은 방향으로 뻗어 자라날 수 있듯이, 하나씩 하나씩 차례대로 이끌어 내면 주변과 상호작용을 하면서 새로운 가능성이 열리게 됩니다.

자신의 내면에 잠들어 있는 '재'의 소리를 알아듣고 편집력을 통해 '능'이라는 무기를 사용하여 밖으로 표출한다고 했는데, 이때 그 모든 과정에 관여하는 방법들을 기술적으로 처리하는 것이 바로 편집공학입니다.

고정관념의 껍질을 벗겨 내면

인간의 상상력이나 감수성은 너무나 많은 정보들로 메워져 있습니다. 우리는 어느 대상에 대해 '그것은 원래 그런 것'이라고 확증하는 습관에 길들여져 있습니다.

이것을 흔히 고정관념이라고 하는데, 여기서 말하는 확증은 고정관념 이상의 아집에 가까운 생각 습관을 말합니다. 따라서 자기 속에서 잠자고 있는 '재'를 찾아내기 위해서는 그것을 에워싸고 있는 몇 겹의 고정관념의 껍질을 확 벗겨 낼 필요가 있습니다.

우선은 세계와 나 사이에 있는 관계를 부드럽게 다시 엮는다는 생각으로, 지금까지와는 전혀 다른 방식의 견해를 가질 필요가 있습니다. 익숙한 풍경으로부터 한 발짝 물러나 모험을 떠나는 기분으로 자기 앞에 펼쳐져 있는 편집의 세계를 다시 바라본다면, 새롭게 펼쳐지는 세계에 놀라움을 금치 못할 것입니다.

세계와 나를
재구성할 접근법

나누면 안다,
알면 바뀐다

왜 방을 정리할 수 없을까?

지저분해진 방을 정리하고 싶습니다. 제일 먼저 쓰레기봉투를 준비하고 마구 나뒹구는 옷들을 옷장에 넣고, 머그컵은 부엌 싱크대에 갖다 놓고, 불필요한 우편물은 버리고, 책은 책장에 꽂아 둡니다. 방이 깔끔하게 정리될 때까지는 많은 시간이 필요하지만, 이런 상황에서 제일 먼저 생각해야 할 문제가 있습니다. 그것은 바로 어디부터 손을 써야 할지 결정하는 것입니다.

그런 계획이나 결심이 제대로 선 후에야 실제로 몸을 움직여 본격적인 정리 작업을 시작할 수 있습니다. 어디부터 손을 쓸지를 정하는 결심을 하지 않는 이상 방은 언제까지라도 정리할 수가 없습니다.

제2장 세계와 나를 재구성할 접근법

뭔가를 처리하기 전에 왠지 손이 잘 가지 않는 일이 흔히 있습니다. 이것은 편집 작업을 시작함에 있어서 결정의 쐐기를 박지 않은 상태이기 때문입니다. 뻔한 정보를 가지고라도 일단 쐐기를 박는다면, 다음은 큰 정보의 덩어리가 보이게 됩니다. 쐐기를 박을 때 어느 정도 사이즈의 정보를 꺼내야 하는지가 보인다면 그다음 작업은 아주 수월해집니다. 다시 말해서 편집의 첫삽을 뜨는 것이 중요하다는 이야기입니다.

세계에서 가장 영향력 있는 경영 컨설턴트인 데이비드 알렌David Allen은 'GTDGetting Things Done'라는 작업 관리 방식을 제창하면서 어떤 일이든 쓱쓱 정리하기 위해서는 '작업의 세분화'가 중요하다고 강조했습니다.

이 이론의 골자는, 일을 구체적인 작업 이미지로 그려 낼 수 있을 때까지 작은 사이즈로 나누는 것입니다. '금요일까지는 제안서를 만든다'가 아니라 '제안서 구성에 필요한 아이디어를 먼저 메모해 둔다', '고객의 입장을 A4용지 1장으로 정리한다' 등 최소 단위로 작업 과정을 정밀하게 나누는 것입니다.

데이비드 알렌은 도저히 손을 쓸 수 없는 일이나 왠지 힘들 것 같은 상황, 또는 눈앞에 가로막힌 벽을 만난다면 우선 나누라고 권고합니다. 나누기만 하면 다음에 무엇을 할지 스스로 알게 된다는 것이 그의 주장입니다. 그것을 알면 눈앞의 풍경이 바뀌고 문제를 해석하는 방식도 바뀌게 됩니다. 이를 가리켜

'나누면 안다, 알면 바뀐다'고 하는 것입니다.

언뜻 방법이 없을 듯한 상황이라도 첫 번째 시작의 쐐기를 박아 놓기만 하면 거기서부터 정보에 대한 편집이 시작됩니다. 방의 정리나 작업 관리에 관한 것만이 아니라 세상의 모든 정보는 어떻게든 세분할 수 있습니다. 이 첫걸음을 편집공학연구소의 마쓰오카 세이고는 저서 《지知의 편집공학》에서 '번거로운 정보의 바다에 마침표를 찍는 일'이라고 규정했습니다.

마침표 하나로 세상이 바뀐다

마침표는 의미의 분절分節을 만듭니다. 대상을 몇 개의 마디로 나눔으로써 정보를 다루기가 쉬워지고, 어디서 마디를 지을지에 의해 새로운 의미가 세워지기도 합니다. 다음에 이어지는 질문에 답하면서 분절의 의미를 생각해 보기 바랍니다.

mini study ❶

"저기 말이야, 똑바로 해."
이 문장을 몇 가지 방법으로 읽을 수 있을까요?

'저기 말이야, 똑바로 해!'라고 강한 어조로 말하면 누군가를

제2장 세계와 나를 재구성할 접근법

혼내는 어투일 수 있지만, '저기…… 말이야, 똑바로, 해'라고 말하면 부드럽게 권유하는 뜻이 될 수도 있습니다. '저기 말이야, 똑바로 해……'는 윗사람이 아랫사람에게 타이르는 말투로 들릴 수도 있을 것입니다. 이렇듯이 어느 곳에 쉼표와 마침표를 찍느냐에 따라 하나의 문장이 여러 의미로 바뀌게 됩니다.

모든 정보에는 항상 어떤 의미가 내재되어 있기 때문에 이러한 분절화를 통해 그에 마땅한 의미가 표면으로 튀어나옵니다. 그렇다면 '분절이 문맥을 만든다'고 해도 좋고 '문맥은 분절화된다'고 말할 수도 있을 것입니다.

애초에 모든 생물은 분절화를 통해 생명을 이어 갑니다. 하나의 세포가 분열함으로써 새로운 생명이 시작되는데, 그 안에서 내장이 기능별로 나눠지고 관절이 생겨서 몸이 만들어집니다.

인간은 손에 다섯 개의 손가락과 관절을 가짐으로써 그에 맞는 도구를 사용할 수 있게 되었고 뇌를 발달시켜 왔습니다. 이렇듯이 분절화는 생명 진화 프로세스에 있어서 아주 중요한 역할을 맡고 있습니다. 방을 정리하기 위해 무엇을 어떻게 시작할 것인지를 결정하는 생각의 진화와 5억 년 동안의 생물의 진화는 어느 지점에서 이렇듯 겹쳐지고 있는 것입니다.

분절화라는 멋진 능력

분절화라는 능력에 의해 인간의 가능성이 얼마나 광범위하게 열려 있는지에 대해서는 기계와 결부시켜 생각해 보면 잘 알 수 있습니다. 나눈다는 것 하나만 가지고는 기계에게 그 어떤 방법도 찾을 수 없는 문제입니다.

예를 들어 일상에 도움을 주는 로봇에게 '케이크를 먹여 달라'고 부탁한다고 칩시다. 로봇에게 '케이크는 접시에 담겨진 것'이라는 지식이나 경험이 없으면 접시나 테이블을 그냥 입에 집어넣으려고 할 것입니다. 지금 하려는 일에 관계가 있는 것만을 골라낸다, 즉 적절하게 나누는 일 자체가 기계에게는 매우 어려운 것입니다.

말이나 개념의 정의만이 아니라 그것이 어떤 의미의 프레임을 가지고 있고, 어떤 관계성 속에 놓여 있는지를 한 번에 처리할 수 없다면 로봇은 케이크와 접시를 나눠서 생각하는 것은 할 수가 없습니다. 그러나 인간은 '나누는 능력'을 바탕으로 주위에서 끊임없이 흐르는 대량의 정보들을 자신에게 알맞은 상태로 편집해서 인식하고, 질서를 유지해 왔습니다.

이렇게 우리들은 분절화된 정보들을 어느 정도의 덩어리로 이해하고 있는 것입니다. 미국의 심리학자 조지 밀러George Miller는 그것을 '청킹chunking'이라 불렀는데, 이는 달리 말하면 인지의 묶음덩어리을 가리킵니다.

언어학습에서 한 문장이 아닌 최소한으로 필요한 단어를 묶음으로 기억하는 것을 '청킹으로 기억한다'고 표현하는데, 이것은 바로 의미의 덩어리화를 일컫는 말입니다. 예를 들어 전화번호라면 3~4개씩의 숫자로 끊어서 기억하고, 주소라면 거리 이름이나 번지, 호수라는 정보를 가지고 기억합니다.

'청킹'을 자유자재로 분절하는 것이 바로 편집력이 발동되는 첫걸음입니다. 앞서 이야기한 작업의 세분화는 일에 있어서의 덩어리들을 자기가 자유자재로 편집하는 것을 말합니다.

세상은 이미 누군가가 나눠 놓은 흔적의 조합들로 구성되고 있습니다. 회사의 부서, 상품의 분류, 국어·수학·이과·문과라 부르는 과목들, 예능이나 뉴스라는 이름의 장르가 그것입니다. 그런데 편집공학은 기존의 것들에 다른 견해를 가지고 들어감으로써 새로운 구분이나 의미의 묶음이 생기게 됩니다.

편집력은 이미 잘 짜여 있는 세상을 살아가기 위한 도구이기도 하지만, 새로운 세상을 펼치기 위한 생성의 도구로도 기능할 수 있습니다. 이제 분절화하는 능력이 자기 안에 있음을 잊지 않는 일에서부터 편집의 모험을 시작해 봅시다.

비교한다, 맞춰 본다,
비틀어 본다

조합이 가치를 낳는다

하나의 정보를 새로운 관점으로 분절화해 나가면 정보와 정보 사이에 새로운 관계성이 존재한다는 사실을 알게 됩니다. 앞서 방 정리에 관한 내용도 '필요한 것·필요 없는 것'을 나누면서 착착 정리 작업을 해나가다 보면 '자주 사용하는 것'이나 '보존 해야 할 것'이라는 식으로 새로운 꼬리표를 붙이고 싶어집니다.

사물들 사이에 잠재되어 있는 관계를 발견하고 조합을 만들 어 냄으로써 새로운 의미나 가치를 생산해 나갑니다. 이것을 이 노베이션innovation, 혁신이라고 할 수 있습니다. 이때 관계의 발견 을 의도적으로 일으키는 행위가 편집이고, 그것을 수행하는 힘 이 편집력입니다. 따라서 편집력이란 '관계를 발견하는 힘'이라 해도 좋을 것입니다.

이노베이션의 사전적 의미는 낡은 기술의 설비, 방식 등을 과감히 버리고 새로운 선진 기술과 공정을 도입하여 기술적 측면에서 근본적인 변화를 모색하는 것입니다. 이노베이션은 이렇게 단순히 기술혁명을 이미지화하는 경우가 많은데, 본래는 더 넓은 의미를 갖고 있습니다.

이노베이션의 아버지라 불리는 미국의 경제학자 조지프 슘페터Joseph Schumpeter는 '신결합new combination'이라는 말로 이노베이션을 설명했습니다. 그는 종래에 없던 전혀 새로운 조합으로 시장을 발전시켜 나가는 이노베이션에는 5가지 타입이 있다고 말합니다.

1. 새로운 생산물의 창출
2. 새로운 생산 방식의 도입
3. 새로운 시장의 개척
4. 새로운 자원의 취득
5. 새로운 조직의 실현

이노베이션이란 어느 것이든 기존 요소의 새로운 조합을 통해 창조적 파괴라 불리는 과정을 거쳐 비연속적인 발전을 가져오는 것입니다. 따라서 이런 물음이 뒤따릅니다. 어떻게 새로운 결합을 일으키는가? 어떻게 하면 새로운 결합으로 세상을 새롭게 다시 파악할 수 있는가? 자유자재로 신결합을 만들어 낼 수 있다면 얼마나 좋을까?

사물을 다방면으로 바라본다는 것

정보와 정보 사이에 어떤 연결을 발견하기 위해서는 각각을 어떻게 보느냐 하는 문제, 다시 말해서 '단면斷面'을 될 수 있는 한 많이 보는 편이 유리합니다.

슈퍼마켓에서 주는 비닐봉투는 부엌에서는 쓰레기봉투가 되고, 비가 내리기 시작하면 자전거 안장의 덮개가 되고, 여행지에서는 세탁물을 넣어 두기도 하며, 급할 경우 구토용 봉투로도 사용 가능합니다. 그런가 하면 길거리에 버려지면 환경을 오염시키는 원인이 되기도 합니다.

아가씨와 노파(19세기, 작자 미상)

　같은 비닐봉투라 해도 상황이나 상태에 따라 여러 기능과 역할이 바뀌는데, 그때마다의 상황에 대해 사람들은 하나의 측면만으로 사물을 보곤 합니다. 위 그림은 그러한 인간의 인지적 특징을 체감하는 데 있어서 널리 알려진 것입니다. 무엇이 그려져 있습니까?

　젊은 여성으로 보인다고 말하는 사람도 있을 테고, 노파라고 장담하는 사람도 있을 것입니다. 하지만 두 가지 요소를 동시에 보는 것은 불가능한 일입니다. 인간의 뇌는 어느 한쪽 측면만 인식할 수 있도록 만들어져 있기 때문입니다. 내가 이 그림을 처음 봤을 때는 초등학생 무렵인데, 너무도 강렬한 인상을 받아 오래도록 뇌리에서 떠나지 않았습니다.

초등학생 때, 야생동물의 세계를 보여 주는 TV다큐멘터리가 있었습니다. 어미 여우가 새끼 여우와 생이별을 하는 과정을 사계절을 따라다니며 촬영한 내용이었습니다. 어느 날 어미 여우는 그간 엄청난 애정을 쏟아서 길러 낸 새끼 여우들을 냉정하게 보금자리에서 쫓아냅니다. 어미 여우의 의도를 이해할 수 없는 새끼 여우는 어미와 떨어지지 않으려고 한동안 애를 쓰다가 어쩔 수 없다는 듯이 돌아서서 터벅터벅 초원 속으로 떠나게 됩니다.

그런 새끼 여우들의 모습은 당시 초등학생이었던 나 자신과 겹쳐 보여서 가슴 조이는 기분으로 지켜보았습니다. 부디 행복하라고, 엄마가 없어도 꼭 살아남으라고, 그렇게 새끼 여우의 건강을 빌었던 것이 어제 일처럼 떠오릅니다.

그런데 며칠 후, 다른 방송에서 어미 곰과 새끼 곰의 이야기가 방영되었습니다. 두 마리의 새끼 곰을 데리고 다니던 어미 곰은 한동안 먹이를 발견할 수 없었습니다. 이대로 먹이를 구하지 못하면 험난한 겨울을 넘길 수 없을뿐더러 가련한 새끼 곰들도 죽어 버릴 것입니다. 나는 어느새 감정이입이 되어서 제발 먹잇감을 구해서 곰 가족이 살아나기를 기도했습니다.

이윽고 어미 곰이 풀숲 속에서 아직 어린 여우를 발견했습니다. 내 기도가 통한 것일까요? 어미 곰이 내달리고 여우가 도망쳤습니다. 굶주린 새끼 곰에 대한 연민으로 가슴이 아팠던 나는 벌떡 일어나 어미 곰을 응원하면서 어서 여우를 잡아채라고 열심히 응원했고, 날쌘 여우를 멋지게 잡았을 때는 손뼉까지 치며 기뻐했습니다.

하지만 기뻐한 것도 잠시, 사냥감을 입에 물고 새끼 곰들에게 돌아가는 어미 곰의 영상을 보노라니 잡힌 채로 몸이 축 늘어져 있는 새끼 여우가 어쩌면 며칠 전에 내가 그렇게 건강을 빌었던 여우일 수 있다는 사실을 깨달았습니다.

내 머리는 그 순간 패닉 상태가 되었습니다. 살 수 없게 된 여우, 그런데도 손뼉을 치며 기뻐한 나, 마침내 먹잇감을 눈앞에 둔 새끼 곰, 먹히는 여우, 여러 마음이 섞이는 가운데 뭐가 뭔지 모르겠어서 나는 그만 울음을 터뜨리고 말았습니다. 살아 있는 것들의 숙명이나 생명의 부조리 때문이 아니라 나를 둘러싼 세상이 한순간에 반전되면서 생긴 쇼크였던 것 같습니다.

편집공학의 관점에서 이 사건을 떠올리면, 그러한 반전이야말로 세상에는 수많은 가능성이 잠재되어 있음을 알려 줍니다. 물론 어린아이였던 나는 그 쇼크를 이해하는 수준이 아니었기 때문에 잠시 동안 동물의 세계와 같은 방송이 싫어지는 정도의 반응뿐이었습니다.

나를 둘러싼 세계는 무척이나 다면적입니다. 복수로 교차하는 문맥들 속에 저마다 의미를 방출하는 상태에서, 모두가 어떻게든 자기 자신과 세계를 이해하려고 하고 있습니다. 시점을 의도적으로 바꿔 보거나 새로운 관점으로 다면성을 보려고 하지 않는 한, 우리들은 그저 하나의 측면만을 보고 이해할 뿐입니다. 그리고 이것이 대다수 커뮤니케이션이 어긋나는 원인이기도 합니다.

편집의 기본은 '정보는 다면적'이라는 사실을 머릿속에 새겨 두는 일로부터 시작됩니다. 그것은 정보의 가능성을 최대화하는 일이기도 합니다. 그럼으로써 사물의 관계성은 훨씬 발견하기가 쉬워집니다. 무방비로 마주하게 되면 나쁜 현실과 마주치기도 하지만, 정보의 다면성을 직시할 수만 있다면 굉장히 풍부한 가치의 원천이 될 것입니다.

언뜻 관계가 없는 A라는 정보와 B라는 정보가 어떤 관점에 의해 갑자기 연결이 되는 현상은 각각의 정보의 다면성을 지켜보다 보면 곧잘 일어나는 일인데, 그것이 바로 편집공학의 산물이기도 합니다.

뛰어넘고, 고쳐 들고,
갈아입는다

3

프레임과 스키마

태어나면서부터 자신을 둘러싸고 있는 세계를 학습해 오는 동안에 우리는 여러 가지 사고의 틀을 습득하게 됩니다. 지금까지의 설명을 통해 자각하지 않은 채 행하고 있는 생각들이 꽤나 복잡한 과정을 통해 형성되고 있다는 사실을 알았을 것입니다.

오늘 입고 나갈 옷을 정하는 것도, 길을 걸으면서 어느 길로 갈지 결정하는 것도, TV에서 개그프로그램을 보고 웃는 것도, 회의에서 자료를 설명하는 것도, 반드시 어떤 사고의 틀을 사용해서 이해하고 반응하고 소통하는 것입니다.

MIT공대의 인공지능연구소 창설자로 인공지능의 아버지라 불리는 마빈 민스키Marvin Minsky는 우리 머릿속의 구조를 '프레임 frame'과 '스키마schema'로 정리했습니다. 이는 사람의 지식 구조를 컴퓨터 방식으로 표현하고자 만들어 낸 아이디어인데, 그가 말하는 스키마는 머릿속에 들어온 정보를 처리하기 위해 사용되는 지식의 기본적인 묶음을 가리킵니다. 사고를 위한 틀, 그릇, 또는 수납장이라고 해도 좋을 것입니다.

스키마는 그림 설명, 도식, 윤리구조 같은 것들을 가리키는데 IT의 문맥으로 보면 데이터베이스의 구조 설계나 프로그래밍 언어의 매뉴얼 같은 것을 가리킵니다. 스키마는 비즈니스 상황에서도 자주 사용됩니다. 이는 구체적인 틀을 갖춘 계획이나 전략 같은 것을 의미해서 '사업 스키마', '판매 스키마' 등으로 쓰이는데 '사업 프레임'보다 훨씬 구체적인 내용을 포괄하는 계획을 가리키기도 합니다.

발상력 엔진을 가동시켜라

스키마를 묶는 틀을 프레임이라고 합니다. 프레임은 어느 개념을 이해하는 데 필요한 배경에 존재하는 지식 구조를 말하는데, 하나의 프레임은 복수의 스키마들이 서로 관계해서 만들어집니다. 그렇기에 어떤 현상은 프레임을 배경으로 이해해야만 비로소 납득할 수가 있습니다.

스키마나 프레임이 없는 상태에서는 매번 제로zero에서 사물을 파악해야 합니다. 지금 당신은 '독서 프레임' 속에서 '책 스키마'나 '읽기 스키마'에 묶여 시선은 문자를 쫓고, 손가락 끝은 페이지를 넘기고 있는 것입니다. 이것들을 빼면 독서한다는 행위 자체가 무엇인지를 생각하는 일부터 시작할 수가 없습니다.

더 넓게 말하자면 독서 같은 보편적인 프레임에서부터 그 지역이나 민족의 프레임에 이르기까지 여러 층의 프레임과 더 많은 스키마들이 뒤섞여 있다고 생각하면 됩니다.

개그나 토크쇼의 소재들은 우리의 경험 속에서 배양되어 온 스키마와 프레임을 교묘하게 끄집어내어 살짝 비틀거나 창조적인 파괴를 통해 웃음을 생성합니다.

예를 들어 '피자집 프레임'에는 피자집다운 유니폼과 말투, 손님 접대의 절차라는 스키마가 묶여 있습니다. 우리에게는 '피자집이라면 이렇게 하기 마련이야!'라는 프레임이 공유되고 있는데, 피자집 주인이 멋대로 행동하거나 배달사원이 현관 앞에서 고객에게 함부로 농담을 한다면, 다시 말해서 기존의 프레임이나 스키마로부터 벗어나면 '피자집인데?' 하며 이상하게 여길 것입니다.

음악이나 미술 같은 예술이나 스포츠 같은 운동 분야에 비해 개그는 국경을 뛰어넘기가 어렵다고 합니다. 가령 일본인은 누구나 깔깔거리며 웃는 개그에 외국인들은 고개를 갸웃거리며 무슨 의미인지 몰라 의아해합니다. 이것은 미국인들이 박장대

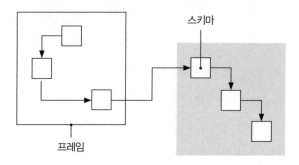

인식의 틀인 프레임이나 스키마를 넘나들면서 사고한다

스키마

프레임

프레임과 스키마

소하는 유머를 동양인들이 멀뚱멀뚱 바라보는 것과 같은 논리입니다. 개그라는 것이 애초부터 고유의 문화에 내재된 프레임 구조를 취급하기 때문일 것입니다.

이와 같이 스키마나 프레임이 상호 영향을 주기 때문에 우리는 여러 가지 일들을 패턴 인식할 수 있습니다. '발상이 풍부하다'는 말을 듣는 사람은 필요에 따라 기존의 인식을 깨부수고 새로운 것에 대해 나름의 시각을 갖는 사람이라고 볼 수 있습니다. 이때의 시각은 바로 스키마나 프레임의 새로운 조합을 말합니다.

그렇게 생각하면 발상력은 반드시 태생적으로 가지고 있는 센스가 아니라는 걸 알 수 있습니다. 그것은 누구나 사고의 틀로부터 벗어나서 의도적으로 끄집어내고, 넘나들고, 조합하는 관리자가 됨으로써 어떤 식으로든 새로운 발상을 만들어 낼 수 있기 때문입니다.

프레임의 조합이나 넘나들기를 통해 발상력을 밖으로 꺼내와 관리하는 능력을 '발상력 엔진'이라고 부르는데, 인공지능의 기술이 아무리 발전했어도 아직 완벽한 발상력 엔진은 만들수가 없습니다. 이것만 봐도 인간의 상상력이라는 게 얼마나 고급한 체계 아래 작동되고 있는지를 짐작할 수 있습니다. 이제부터는 어떻게 하면 프레임을 자유자재로 넘나들 수 있는지를 찾고, 우리 내면에 있는 발상력 엔진에 조금씩 발을 들여놓겠습니다.

정보의 바꿔 타기, 바꿔 들기, 갈아입기

정보는 항상 외부의 무엇과 조합되면서 인식됩니다. 우선 정보는 어떤 이동 수단을 이용합니다. 텔레비전, SNS, 책 같은 미디어일 때도 있고 경영자의 스피치, 아이와의 대화, 레스토랑의 메뉴 같은 형태로도 기능합니다.

정보는 또한 라벨이나 분류, 조합이나 패턴 같은 소지품으로도 나타나는데 마쓰오카 세이고는 이런 현상을 두고 '정보는 혼자서 존재할 수 없다'고 하면서 '정보는 항상 바꿔 타고, 바꿔 들고, 갈아입으려고 한다'고 말했습니다. 이 말은 생각을 하나의 지점에서 멈추지 말고 다면적으로 바라보면서 다시 생각하라는 뜻입니다.

그러니 어떤 프로젝트나 아이디어가 꽉 막힐 때는 '바꿔 타기·바꿔 들기·갈아입기'를 통해 방향을 틀면 꽉 막혔던 머리가 탄력을 받아 술술 일이 풀려 가는 경우도 많다고 그는 말했습니다. 다음의 질문에 답해 보십시오.

---

mini study ❸

'텔레커뮤팅telecommuting'이란 무엇일까요?

될 수 있는 한 많은 대체언어를 만들어 보시기 바랍니다.

이 물음에 '재택근무'라는 말이 제일 먼저 떠오를 테지만, 'tele=떨어져서', 'work=일하다'를 생각하면 수많은 다른 답을 얻어 낼 수 있습니다. 가령 기술자들의 분업 체계도 텔레커뮤팅이고, 연기자나 스포츠 선수가 혼자 하는 연습도 텔레커뮤팅이라고 할 수 있을 것입니다.

정보의 이동 수단을 사무실에서 무대, 공장, 음식점, 농촌으로 바꾸면 그간 익숙했던 광경과는 전혀 다른 정보들이 보이기 시작합니다. 정보를 다면적으로 보기 위한 기본적인 편집 방식으로는 제3장에서 자세히 소개할 것입니다.

제2장 세계와 나를 재구성할 접근법

연상과 요약은 현대인의 필수 스킬

마빈 민스키는 프레임에 대해 또 하나 아주 중요한 지적을 합니다. 그는 프레임에서 프레임으로 사고를 넘나드는 것은 아날로지analogy 이외에는 없다고 설명합니다. 아날로지란 2개의 비슷한 사물이나 사실에서 한쪽이 어떤 성질이나 관계를 가질 경우 다른 사물도 그와 같은 성질이나 관계를 가질 것이라고 유추하는 것을 말합니다. 이것은 결코 논리logic가 아닙니다. 논리란 생각이나 추론이 지녀야 하는 원리나 법칙을 말하는데 아날로지는 원리나 법칙의 틀을 훌쩍 벗어나 자유자재로 추리하는 것을 말하기 때문입니다.

요즘에는 이 두 가지 바퀴를 움직이는 데 있어 다양한 방법이 설명되고 있습니다. '수평적 사고와 수직적 사고', '우뇌와 좌뇌' 등이 그것입니다. 이들의 공통점은 우리의 사고는 원래부터 도약하는 힘의 바탕이 되는 연상력과 착지에 이르게 하는 힘인 요약력을 갖추고 있으므로 어느 것이든 발동시키면 된다는 것입니다.

요약력은 말 그대로 수없이 많은 정보의 바다에서 살고 있는 우리가 다른 사람이 듣고 싶은 핵심만 말하는 능력을 일컫습니다. 이를 위해서는 정보를 수집하여 정리하고 전달하는 일련의 과정에 능력을 발휘해야 합니다.

똑같은 사물을 보고도 두서없이 장황하게 이야기를 하는 사람이 있습니다. 반면에 어떤 사람은 육하원칙에 따라 요점만 간단히 전달하는 사람이 있습니다. 과연 누가 환영을 받을지 답은 뻔합니다.

기획이란 어떤 대상의 변화를 불러올 목적을 만들어 내는 일에 필요한 행동을 설계하는 것을 말합니다. 그리고 기획자란 연상력과 요약력을 발휘하여 그러한 설계를 남보다 뛰어나게 하는 사람을 말합니다.

기획력이 떨어지는 사람은 어떤 일에 대해 '그것은 원래 그런 것'이라는 고정관념에 빠져서 생각의 넓이를 확장하지 못하는 사람이라고 보면 됩니다. 그리고 제아무리 폭넓게 연상을 하더라도 그것을 육하원칙에 따라 요약해 내지 못한다면 좋은 기획자라고 볼 수 없습니다.

요약력은 사실 고대 그리스의 윤리학으로까지 거슬러 올라가는데, 요즘에는 사물을 체계적으로 정리하고 순서를 세워서 모순 없이 생각하는 사고법으로 발전하여 연상력과 함께 비즈니스맨들의 필수 스킬이 되었습니다.

그런데 문제는 우리의 뇌는 연상과 요약을 동시에 행하지 못한다는 사실입니다. 무한대로 연상이 펼쳐지는 상황에서 그것을 일목요연하게 요약해서 설명하기는 어렵기 때문입니다. 어떤 사람은 단 한 번에 할 수 있는 것처럼 보여도, 그것은 남보다 빠른 속도로 왔다 갔다 하는 것에 불과합니다.

부모들은 아이들에게 '스스로의 머리로 생각하라'고 말하면서 '빨리 해!'라고 재촉합니다. 직장인들은 기획서를 논리정연하고 완벽하게 만들고 싶다고 생각하면서 더 좋은 아이디어가 없을까 찾곤 합니다. 어떤 경영자는 회의에서 자유롭게 발상해 보라고 말하면서도 누군가 발언을 하면 대번에 '실현 가능성은?'이라고 묻습니다. 이렇게 연상과 요약의 부조화 현상은 우리 주변에 아주 많습니다.

우리의 사고는 연상과 요약의 혼합을 통해 앞으로 나아가는데, 이를 번갈아 가면서 의식하지 않으면 충분한 움직임을 인지할 수가 없습니다. 부모가 이런 것들을 생각하는 것만으로도 아이를 대하는 태도가 달라지고, 기획서를 작성하는 방식이 달라지며, 회사에서 회의를 진행하는 방식도 바뀔 것입니다.

고정관념에서 탈피하기 위해서는 우선 연상력이 강해야 하고, 그것을 삶의 곳곳에서 의식적으로 발동시켜야 합니다. 그런 다음 현재의 인식 프레임을 자유자재로 넘나듦으로써 자신을 속박하고 있는 고정관념을 벗어나 외부세계를 새롭게 바라볼 수 있게 됩니다.

연상력의 세계에 자유자재로 드나들기 위해서는 어떻게 해야 할까요? 이제부터 편집력의 중심이 되는 코어 엔진을 활기차게 움직이는 아날로지에 대해 생각해 보겠습니다.

비슷한 것 찾기, 유연한 전략 사고, 유추적 사고

상상력의 날개를 활짝 펼쳐라

연상이란 하나의 관념이 다른 관념을 불러일으키는 작용으로, 달리 말하자면 연속해서 생각한다는 뜻입니다. 그것은 관련이 있는 것들을 차례차례 좇아서 생각을 확장해 나가는 것입니다. 어떻게 관련성을 찾아낼 수 있을까요? 답은, 무엇과 무엇이 비슷하다, 관계가 있다고 생각하는 것들을 연속적으로 따라가는 것입니다.

사람은 가만히 있어도 연상은 끝없이 이어집니다. 편집공학에서는 이것을 '의미 단위의 네트워크'를 진행한다고 말합니다. 예를 들어 잠시 들른 카페의 옆자리에서 다이어리에 뭔가 열심히 쓰고 있는 사람이 있습니다. 멍하니 그 사람을 쳐다보고 있는 동안 연상력이 발동합니다.

'수첩 → 스케줄인가? → 내일 일정이 뭐였더라? → 아, 거래처에 연락하지 않았다! → 큰일이다! → 그러고 보니 오늘까지 끝마쳐야 할 서류 작성을 시작하지도 못했네, 이것도 큰일이다 → 이대로 회사로 달려갈까? → 그 전에 동료 A에게 연락해서……'

이런 식으로 꼬리에 꼬리를 무는 생각을 정신을 차릴 때까지 계속 반복합니다. 생각해 보면 우리의 연상력이란 대단한 것입니다. 굳이 자각하지 않아도 자동운전 상태로 꼬리를 물면서 사물의 연관성을 발견하고 네트워크를 찾아내는 등 어디까지라도 뻗어 나갑니다.

그렇다면 인간이 애초부터 갖고 있는 이 연상의 힘을 '창조'라는 방향으로 향하도록 스스로 움직임을 취하는 방법이 있을 것입니다. 머리에 떠오르는 생각들을 그냥 내버려 두지 않고 창조적인 영역으로 범위를 넓히기 위해 의도적으로 아날로지의 엔진을 사용하는 것입니다.

아날로지란 무엇과 무엇을 잇거나 조합시키는 사고 속에서 항상 움직입니다. 아날로지란 비슷한 것을 추론한다는 뜻으로, 그 구조는 미지의 세계를 알기 위해 기존 지식을 바탕으로 연상하는 것입니다. 이는 달리 말해서 기존의 지식을 무엇인가로 빗대어 다시 생각해 보는 것입니다.

앞에서 서로 다른 정보들 사이에서 관계를 발견하는 힘과

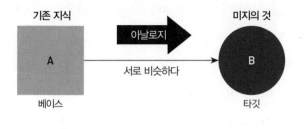

기존의 지식 영역을 미지의 영역에 맞추어 상상한다

아날로지란?

이노베이션과의 관계에 대해 말했는데, 그 배경에는 반드시 아날로지가 움직입니다. 아날로지는 이미 우리들 모두의 머릿속에 자리 잡고 있는 힘이기 때문에 그것을 봉인한 채 살아가는 것은 불가능합니다.

우리는 말을 하면서 '이것은 ~ 같은 것이야'라고 설명하는 경우가 있습니다. '이것은 돌멩이 같은 것이야', '이것은 종이 같은 것이야'라고 말하는데, 바로 이것이 하나의 아날로지입니다. 이때의 '~ 같은 것'의 폭을 최대한 넓혀서 적절히 관리하면 상상력의 날개는 더욱 크고 강해집니다.

무엇을 가지고 무엇을 파악할까?

아날로지는 아직 모르는 것을 이해하거나 미처 보지 못한 것을 발견하기 위한 인지 과정의 하나로, 과학이나 예술 같은 창조 활동을 할 때와 같이 고급한 탐구과정에서 곧잘 그 힘을 발휘합니다. 마쓰오카 세이고의 《천야천책千夜千冊》에는 다음과 같은 글이 보입니다.

중요한 것은, 그렇다면 무엇을 가지고 어떻게 파악하느냐 하는 것이다. 이때 '무엇을 가지고'라고 하는 것에도 이미지가 있고, '어떻게 파악하느냐'에도 이미지가 있다. 이 두 가지 이미지를 처음부터 연속되는 것으로 파악한 것이 현재까지의 과학이다. 하지만 이 두 가지의 이미지는 서로 다른 것이라 해도 상관없다. 서로 다른 이미지를 연결해서 무엇을 만들어 내느냐, 이것이 바로 미래의 과학이 밟아 나가야 할 길이다.

연결하기 어려운 프레임 간의 관계에서 새로운 것을 발견하고, 그로 인한 미지의 것을 기존의 지식으로 발상한다는 것이 이 문장의 핵심입니다. 나는 이것이야말로 여러 형태의 탐구 활동에서 비밀의 문을 여는 열쇠가 되는 방법이라고 생각합니다.

'무엇을 가지고 무엇을 파악하는가?'의 예로, 수류水流와 전류電流의 아날로지가 자주 인용됩니다. 수류계를 A, 전류계를 B라고 했을 때 다음과 같은 관계가 됩니다.

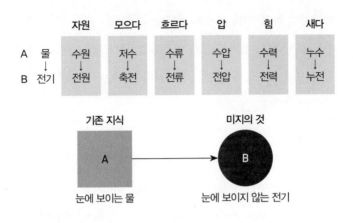

자원	모으다	흐르다	압	힘	새다
수원 ↓ 전원	저수 ↓ 축전	수류 ↓ 전류	수압 ↓ 전압	수력 ↓ 전력	누수 ↓ 누전

A 물
B 전기

기존 지식
A
눈에 보이는 물

미지의 것
B
눈에 보이지 않는 전기

수류와 전류의 아날로지

A   수원, 저수, 수류, 수압, 수력, 누수

B   전원, 축전, 전류, 전압, 전력, 누전

이것은 B전기의 이해를 위해 A물의 지식을 이용하는 사례입니다. 이렇게 해서 우리는 눈으로 보이지 않는 전기의 양자를 물이라는 아날로지를 사용해서 이해할 수 있습니다.

인지과학이나 편집공학에서는 무엇이 처음으로 일어나거나 시작되는 시점을 말하는 기점起點이 되는 A의 지식을 베이스Base, 이해의 대상이 되는 B의 지식을 타깃Target이라고 하고, A의 지식이 B의 이해를 위해 전용되는 것을 '매핑mapping'이라고 합니다.

제2장 세계와 나를 재구성할 접근법

또한 편집공학에서는 베이스와 타깃 사이에서 움직이는 상像, 여러 이미지을 프로필profile 이라고 하고, 이 3가지의 움직임을 'BPT모델'이라고 합니다. 이것은 베이스를 보고, 확인하고, 타깃으로 향한 뒤 그 사이에서 움직이는 프로필을 잡아내면서 사고를 진행해 나가는 방식입니다.

비슷하다 → 빌려 온다 → 끼워 맞춘다

아날로지가 움직이는 곳에서는 무슨 일이 일어날까요? 분절화해서 생각해 보면 크게 3가지 스텝을 생각해 볼 수 있습니다.

1. 무엇과 무엇이 비슷한지 생각한다.

2. (비슷한 것으로부터 구조를) 빌려 온다.

3. (빌려 온 구조를) 끼워 맞춘다.

　→ 비슷한 것을 찾고, 빌려 와서, 끼워 맞춘다.

우선 무엇과 무엇이 닮았는지를 생각해야 합니다. 유추 능력에 강해지기 위해서는 'A는 B와 비슷한데?'라는 생각을 계속해야 하는데, 이것을 '관계발견력'이라고 부릅니다. 겉보기에 비슷한 것이 있으면 사물의 관계성이나 이야기의 과정 등 정보를 생성하는 구조가 비슷할 수 있습니다. 그러고 나서 비슷한

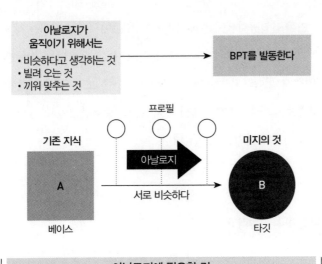

아날로지에 필요한 것

것의 구조를 살펴보고 거기서 뭔가를 빌려 옵니다. 과학에 있어서 아날로지를 성립시키는 중요한 성질에 대해 언어학자 세토 겐이치瀬戸賢一는 다음과 같은 3가지라고 말합니다.

1. 관계성
2. 선택성
3. 단일성

관계성이란 둘 또는 여러 대상이 서로 연결되어 있는 성질을 말합니다. 전기의 전지와 전류는 저수지물이 담겨 있는 상태와 수류물이

제2장 세계와 나를 재구성할 접근법

흐르고 있는 상태로부터 그 관계를 빌려 온 표현입니다. 그렇다고 상호 간의 모든 특징이 관계되는 것은 아닙니다. 예를 들어 '남자는 늑대'라고 했을 때 여자는 남자의 신체적 특징, 말하자면 털북숭이라든가 송곳니를 문제 삼는 것이 아니라 마음속의 검은 욕심 같은 것을 꼬집는 말입니다.

이것을 선택성이라고 부르는데, 이는 단일성을 비교하는 것을 복수로 하지 않는다는 뜻을 가지고 있습니다. 'A를 가지고 B와 비교한다'면 거기에 C나 D 등 다른 계열의 특징은 집어넣지 않습니다. 예를 들어 전기에 물을 사용해서 은유한다면 거기에 식물이나 동물, 빛, 공기의 은유는 집어넣지 않고 물의 특징에서만 빌려 와서 은유하는 것이 이론의 통일성을 지니게 된다는 이야기입니다.

마지막으로, 빌려 온 것을 미지의 것과 끼워 맞추는 과정입니다. 표현할 수 없는 것을 표현할 수 있는 것으로 변환시키는 노력을 하면서 미지의 것을 이해하거나 설명하거나 발상하는 것입니다.

mini study ❹

'가위바위보'는 가위, 바위, 보자기의 아날로지입니다.

주변에 있는 아날로지를 찾아보세요. 자각하지 못한 채 사용하고 있는 아날로지가 많을 것입니다.

판단착오를 줄이는 유추적 사고

비즈니스 세계에서 경영 전략을 세울 때 유추적 사고는 매우 중요한 역할을 합니다. 하버드비즈니스스쿨의 지오반니 가베티Giovanni Gavetti 교수는 〈하버드비즈니스 리뷰〉(2005)에서 '불확실한 시대의 전략적 사고, 그리고 유추적 사고'라는 제목으로 글을 발표했습니다.

아날로지로 사고하는 자기 자신에게 눈을 돌리면 전략상의 의사 결정의 질을 높이고 판단착오를 줄일 수 있다.

이런 문장으로 시작하는 그 글은 인텔이나 토요타 등 세계적인 기업들의 사례를 소개하면서 경영에서의 아날로지가 어떠한 의미와 존재감을 갖는지를 강조했습니다.

기업의 경영진들을 대상으로 실시한 저자의 조사에 의하면, 많은 경영자들이 의사 결정을 하면서 아날로지를 긴요하게 구사하고 있다고 합니다. A라는 신규 프로젝트를 진행할 때, 예전에 경험한 B라는 프로젝트에서 비슷한 경험과 경로를 가져다가 실행을 하는 것입니다. 이때는 타사의 사례도 큰 도움이 되어 많은 기업들이 다른 회사의 프로젝트 성공 사례를 연구해서 흡사한 전략을 구사하는 경우가 많습니다.

비즈니스의 전략 계획을 세우면서 이미 알고 있는 판단을 근

제2장 세계와 나를 재구성할 접근법

거로 새로운 판단을 이끌어 내는 결론이야말로 왕도로 여겨지지만, 실제로는 아날로지에 기초한 새로운 계획으로 난관을 돌파하거나 새로운 비즈니스를 시작하는 경향이 많습니다.

그런데 재미있는 사실은 어떤 의사 결정을 하면서 자신이 아날로지를 구사하고 있다는 사실을 자각하는 경영자는 거의 없다고 합니다. 그것은 앞에서도 말했지만 머리가 자동운전 상태에 있을 때 무의식적으로 자연스럽게 표출되는 것이지 일부러 자각을 해서 의도적으로 실행하는 것은 아니기 때문입니다. 이는 장점과 단점을 동시에 가지고 있는 양날의 칼날로서의 아날로지의 모습을 보여 주는 것이라고 할 수 있습니다.

유추적 사고의 주인은 누구인가?

어떤 문제가 있을 때 매번 밑바닥에서부터 생각하지 않아도 되게끔 세상은 참조할 만한 모델로 넘칩니다. 그것들을 활용하는 것이 유추적 사고인데, 거기엔 자신의 상상력이나 체험이 바탕이 되는 관찰, 직관, 견해가 필요합니다.

논리적 사고란 동일한 조건에서 동일한 문제가 주어지면 항상 같은 답을 낼 수 있도록 하기 위한 도구입니다. 똑같은 방향을 목표로 경쟁하던 사회에서는 과제 해결의 대량생산이 필요했기 때문에 논리적 사고가 매우 유효한 기능을 했습니다.

하지만 불투명한 미래로 인해 다양한 가치관이 혼재하는 오늘날에는 무엇이 과제이고, 그것이 어떤 구조를 띠고 있는지를 스스로 생각하지 않으면 안 됩니다. 바꿔 말하면 사고의 프레임마다 처음부터 다시 파악하지 않으면 안 되는 상황이라고 할 수 있습니다. 마빈 민스키가 지적한 대로 여기서는 로지컬이 아니라 아날로지가 나올 차례입니다.

편집공학연구소는 기업의 인재 육성을 위해 발상력이나 정보편집력의 향상을 주제로 연수 의뢰를 받는 경우가 많이 있습니다. 그러던 중에 한 가지 흥미로운 특징을 발견했는데, 논리적 사고의 트레이닝을 철저하게 받은 조직일수록 아날로지의 발동력이 결여되었거나 진도가 매우 늦다는 사실입니다.

이것은 어느 기업에서든 평소에 업무 능력이 뛰어난 사람일수록 아날로지가 작동하지 않는 경우가 흔하다는 뜻입니다. 왜 그럴까요? 그것은 자신의 능동적인 사고 때문에 조직에 균열이 가는 상황에 대한 두려움 내지는 저항감을 갖고 있기 때문입니다. 개인적이고 주관적인 견해를 배제하고 조직이 정해 놓은 목표를 향해 맹렬한 속도로 달려 나가는 것이 프로 비즈니스맨이라고 여겨져 왔기 때문이기도 합니다.

아날로지는 개인의 경험과 기억의 데이터베이스와 조합하지 않으면 움직이지 않습니다. '무엇을 가지고, 무엇이라고 생각하는가?'라는 물음에는 사물에 대한 저마다의 시각이 들어가지 않으면 안 되는데, 그렇다는 것은 10명이면 10명의 아날로지가 있다는 뜻입니다. 그럼으로써 그것을 꺼낸 저마다의 관점이 가치를 지니고 있다는 것인데, 이것이 오늘날의 기업 사회에서 받아들여질 리가 만무합니다.

아날로지가 움직이기 위해서는 우선 자신이 궁금해하는 곳으로 관점이 향할 때 두려움이나 저항감을 버리지 않으면 안 됩니다. 자신의 상상력과 정면으로 마주할 수만 있다면, 어느 누구든 그 안에서 아날로지를 마음껏 발산할 수 있기 때문입니다.

그것은 다음과 같은 내용으로 연습할 수 있습니다. 임의로 정한 한 마디의 말로부터 저마다 자유롭게 연상하도록 진행합니다. 그리고 그것을 적은 연습지를 4~5명이 한 팀을 이뤄 돌려 봅니다.

예를 들어 임의로 정한 말이 '길'이라고 칩시다. 어떤 사람은 그냥 고속도로나 일반도로를 떠올렸지만 어떤 사람은 옛날 아버지의 손을 잡고 걸어갔던 시골길이 떠올랐습니다. 그런가 하면 어떤 사람은 자신의 미래로 향하는 미지의 인생의 길에 대해 생각했습니다.

이것을 보면서 '그렇구나!', '나는 이것은 생각하지 못했네!'라고 생각한 부분에 동그라미를 칩니다. 이 문제에 답은 없지만, 고속도로나 일반도로를 생각한 사람은 자기 눈에 보이지 않는 미래로 가는 길을 떠올린 사람이 연상력이 뛰어나다고 생각할 수 있습니다.

연상은 그야말로 제각각이기 때문에 내가 아무렇지도 않게 써내려간 연상의 흔적들에 누군가 동그라미를 친 상태로 되돌아오기도 합니다. 이때 그 별것 아닌 동그라미가 의문을 갖던 나 자신의 생각 습관에 마침표를 찍게 만듭니다.

잠든 사자, 눈을 뜨다

아이들은 아날로지의 천재입니다. 소꿉놀이는 즉흥적인 아날로지이고, 술래잡기나 피구 같은 놀이는 어른들 사회의 제약이나 경쟁을 긴장감 넘치게 묘사하는 또 하나의 아날로지라고 할 수 있습니다. 현대 프랑스를 대표하는 사상가인 로제 카이와Roger Caillois는 저서 《놀이와 인간Les jeux et les hommes》에서 놀이의 4가지 분류를 다음과 같이 제시합니다.

1. 아곤Agon, 경쟁
2. 알레아Alea, 우연
3. 미미크리Mimicry, 모방
4. 일링크스Ilinx, 현기증

로제 카이와는 이와 함께 놀이의 본질로 즉흥과 환희 사이에 있고 규칙으로부터 자유로워지려고 하는 원초적 힘 Pidia 과 자의적이지만 강제적으로 일부러 딱딱한 규약에 따르는 힘 Ludus 이라는 두 가지 특징을 들었습니다. 과연 그렇게 보니 놀이라 불리는 것들에는 앞에서 열거한 4가지 중의 몇 가지라도 그러한 특징들이 있는 걸 알 수 있습니다.

여기서 조금 쉬어 가겠습니다. 책을 내려놓고 어린 시절에 좋아했던 놀이를 떠올려 보기 바랍니다. 아이 때 유난히 흠뻑 빠져 있던 놀이는 무엇이었습니까? 혼자서 놀았을지도 모르고 친구들과 함께 시끌벅적 어울렸을지도 모릅니다. 집 안일 수도 있고 바깥일 수도 있습니다. 시간 가는 줄 모르고 몰두했던 놀이가 분명 있을 것입니다. 다시 한 번 카이와의 놀이의 4가지 분류를 해보겠습니다.

마음에 드는 놀이는 어디로 분류되어 있습니까? 놀이에 빠져 놀던 기분 그대로 '미미크리'라고 생각되는 놀이를 떠올려 봅시다. 소꿉놀이나 흉내놀이 외에도 나무로 된 집이나 비밀기지, 변신로봇이나 종이접기, 실뜨기 등 뭔가로 어떤 것을 만들거나 그것이라도 되어 보는 놀이가 꽤 있을 것입니다.

무엇이 되었든 바로 그것이 당신 안에 있는 아날로지의 고향입니다. 로제 카이와는 그중에서 미미크리를 제일 중시했습니다. 그는 놀이란 인간이 가지고 있는 것과 비슷한 것을 찾는 흥

	Agon 경쟁	Alea 우연	Mimicry 모방	Ilinx 현기증
Pidia 유희 ↑ 떠들썩 소란스러움 바보 같은 웃음 연날리기 공 옮기기 게임 트럼프 점치기 낱말 퍼즐 ↓ **Ludus** 경기	경쟁,┐ 규칙 격투 등┘ 없음 운동경기 복싱 구슬치기 펜싱 체커 축구 체스 그 외 스포츠	가위바위보 룰렛 단식 복권 복식 복권 이월 복권	아이들의 흉내 내기 공상 놀이 인형 장난감 도구 가면 코스프레 옷 연극 모든 구경거리	아이들의 빙글빙 글 돌기 회전목마 그네 왈츠 사람 많은 날의 이동 수단 스키 등산 공중 서커스

놀이의 분류

내 본능이 놀이를 통해 나타나는 것이라고 했을 정도입니다.

프랑스의 사회학자 가브리엘 타르드Gabriel Tarde는 사회는 모방으로 만들어져 있다고 했는데, 이 말은 많은 철학자들이 흉내야말로 예술의 본질이라고 말하는 것과 맥을 같이합니다.

마쓰오카 세이고는 여기에 착상을 얻어 자신이 창간한 잡지 〈유遊〉에 세상의 비슷한 것들끼리를 비주얼적으로 편집한 '유사성similarity'에 관한 특집을 꾸몄습니다. 마쓰오카 세이고는 이 아이디어를 로제 카이와에게 보여 주고 싶어서 교정본을 들고 그의 파리 자택까지 찾아갔다고 합니다.

무엇과 무엇이 비슷하다는 것은, 그것만으로도 인간의 상상

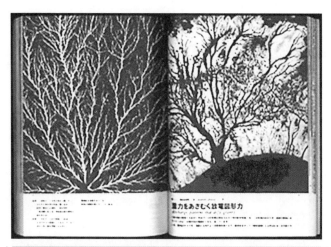

상공 4,200미터에서 본 콜로라도 강의 강 입구와 리히텐베르크 도형[*]

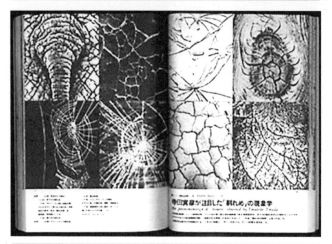

나무의 나이테, 유리, 아스팔트, 코끼리의 꼬리주름, 거미줄 등의 갈라진 금

---

* 리히텐베르크(Lichtenberg) 도형: 전기가 절연체 표면을 때리거나 내부
를 통과할 때 남기는 나뭇가지 모양의 형체.

력의 근간을 흔드는 작은 마술입니다. 눈앞의 문제 해결에 대해 일말의 주저함도 없이 인간에게 잠재되어 있는 상상력의 가능성을 최대한으로 끌어내는 기술로서 아날로지는 매우 중요합니다.

마쓰오카 세이고는 '비슷하다'라는 말은 별똥별과도 같은 향수를 불러일으키는 신호라고 말했습니다. 그것은 어딘가 먼 곳에 존재하는 게 아니라 지금도 내 안에서 숨을 죽이며 때를 기다리고 있는 성질이라는 것입니다.

그러니 가슴속에 있는 장난감 상자의 덮개를 열듯이 아이 때에 익숙하고 친근했던 유추적 사고를 다시 한 번 당신 앞에 꺼내 보기 바랍니다. 그러면 아날로지라는 이름으로 잠들어 있던 사자가 분명히 번쩍 눈을 뜰 것입니다. 이 시작 지점에 서기만 하면 그대로 '큰 가설'로 향하는 영역에 진입할 수 있을 것입니다.

짐작은 막힘을
돌파하는 힘이다

가설 추론의 접근법

편집공학연구소에는 다양한 기업이나 학교, 지자체 등에서 전혀 생각하지 못한 문제가 담긴 상담 의뢰가 들어오는데, 그들에게 공통되는 점은 어떤 해결책을 필요로 하고 있다는 것입니다.

그런 경우의 문제에는 분석, 설계, 기획, 표현의 과정을 통해 해결의 실마리를 찾아 나가는데, 편집공학의 관점에서 보면 어떤 과제라도 정보에 속한다고 볼 수 있기에 작은 것 하나도 소홀히 할 수가 없습니다.

일단 상담 내용들은 이미 어떤 식으로든 손을 쓴 경우가 많기 때문에 하나부터 여건을 묻고 대응법을 마련하기보다는 가볍게 현재 상황과 경과를 묻고 '왜 곤란한가?', '왜 막혔는가?'라는 물음에 답으로 돌아오는 곳에서 핵심적인 내용을 찾아냅니다. 그 과정에서 몇 가지 포인트를 찾게 되면 막힌 것을 돌파할 수 있는 대담한 가설을 선행시킬 수 있습니다.

그러고 나서 실제로 작업을 진행하면서 우리가 세운 가설이 맞는지를 검토하고 적절하게 수정하면서 계속 진행을 해나갑니다. 잘 맞아떨어지는 가설은 대개 여러 개의 막힘을 한 번에 돌파하는 힘을 가집니다.

이때 가설은 콘셉트의 형태로 제시되는 경우도 있고, 시나리오나 비주얼적인 이미지가 되는 경우도 있습니다. 어느 쪽이든 그 가설에 맞춰서 이것도 저것도 전부 말끔하게 설명할 수 있는 것을 목표로 합니다.

아무리 복잡하게 얽힌 과제라도 가설이 올바르게 세워지기만 하면 어떤 느낌을 동반하는 이미지의 연쇄작용이 일어납니다. 두근거림이나 기분 좋은 소름, 우와! 하는 감탄, 어라? 하는 놀라움 등이 그것입니다. 이렇게 잘 맞는 가설은 여기저기에서 긍정적인 두근거림이나 아름다운 파문을 불러일으킵니다.

반대로 너무나 매력적인 비전을 가지고 상담하러 오더라도 이쪽이 잘 맞는 가설을 내놓을 수 없을 때는 좋은 결말을 얻지 못하는 경우가 많습니다. 그만큼 가설이 가진 역할은 큽니다. 그렇기 때문에 가설을 세운다는 일은 위험한 방식일 수 있고, 경우에 따라서는 시행착오를 동반할 수도 있습니다. 그럼에도 대담하게 가설을 선행시키는 것은 결국 가장 빠르고, 무엇보다 먼 곳까지 갈 수 있기 때문입니다.

그 어떤 막힘이라도 돌파하는 일에는 위험이 따르기 마련입니다. 이 위험성을 고객과 충분히 공유할 수 있다면 대개의 경우 목표지점이 보이게 됩니다. 나머지는 이미 가지고 있는 경험과 기능, 기법과 지식을 투입해 시행착오와 수정을 반복하면서 마침내 성공으로 향하는 것입니다. 편집공학연구소에서는 이런 작업 스타일을 '가설 추론의 접근법'이라 부릅니다.

어떤 조직이든 프로젝트를 진행하다 보면 사고가 기존의 프레임에 빠져드는 경우가 있습니다. 그것을 프레임을 바꿔서 다른 관점으로 다시 살펴보는 리프레임reframe을 할 필요가 있거나 지금의 생각에 패러다임의 전환을 일으키고 싶을 때는 어떻게 해야 할까요? 앞에서 프레임을 넘나들려면 아날로지가 필요하다고 했는데 어느 일정한 목표를 뛰어넘기 위해서는 대담하게 진행할 가설이 앞서야 합니다. 그것을 위한 기법이 바로 가설 추론입니다.

제3의 추론인 어브덕션의 마력

학교에서 귀납법歸納法과 연역법演繹法에 대해 배운 적이 있으실 겁니다. 논리학이나 수학에서 매우 중요한 역할을 하는 귀납법과 연역법을 간단히 설명하면, 연역법은 이미 밝혀진 사실로 결론을 내는 것이고 귀납법은 단순한 통계나 대부분의 경험에서 결론을 내는 것을 말합니다.

이에 비해 가설 추론은 어브덕션Abduction, 또는 귀추법歸推法이라고도 하는데 귀납법과 연역법 못지않게 중요한 사고방식이지만 일반인들에게는 잘 알려져 있지 않은 용어입니다. 미국의 철학자 찰스 퍼스Charles Peirce는 이렇게 말했습니다.

"어브덕션이야말로 과학의 모든 개념과 이론을 만들어 낼 수 있는 가장 훌륭하고 과학적인 발견 방법이다."

어브덕션은 간단히 말해서 어떤 사실을 바탕으로 다른 일을 짐작하는 것을 말합니다. 다시 말하자면 기존의 가설에 추리나 추정을 더해 결론을 이끌어 내는 것입니다. 아리스토텔레스가 주장한 가설 추론을 가리켜 고대 그리스어로 '아파고게apagoge'라고 하는데 로마로 건너가서 라틴어 'abductio'가 되었고, 이것이 '어브덕션'으로 발전했습니다.

'Abduction'은 '분리'라는 의미의 접두어 'ab-'에 '이끈다', '끄집어낸다'는 의미인 'duco'에서 파생된 'ductio'의 명사를 연결한 것입니다. 이 말의 어원은 '어느 것 안에서 무엇인가를 떨어트리거나 꺼내거나 하는 것'이라는 뜻인데, 이 어원에 어브덕션의 본질이 있다고 해도 좋을 것입니다.

어브덕션은 어떤 현상 안에 잠재된 가설 이론을 꺼내서 제시

한다는 뜻으로, 추론을 밟아 나가는 사고방식이라고 말할 수 있습니다. 논리적 추론에서 귀납법과 연역법은 널리 알려져 있지만 찰스 퍼스는 귀납induction과 연역deduction 자체만으로는 어떤 새로운 개념을 산출할 수 없다면서, 과학적 관념들은 모두 어브덕션에 의해 만들어진다고 말했습니다. 연역이란 보편적인 사실을 전제로 거기서 결론을 이끌어 내는 추론 방식입니다. 다음과 같은 삼단논법이 가장 잘 알려져 있습니다.

대전제 모든 인간은 죽는다.

소전제 소크라테스는 인간이다.

결론 따라서 소크라테스는 죽는다.

대전제 → 소전제 → 결론이라는 하나의 순서를 세워서 논리를 내세우기 때문에 도출한 결론이 설득력이 있어 보입니다. 그러나 다른 한편으로는 대전제가 틀려 버리면 결론도 이상해집니다. 시험을 해보자면 '인간은 죽는다'를 '인간은 욕구가 많다'로 바꾸면 어떨까요? 그렇다면 이런 논리 전개로 이어집니다.

대전제 인간은 욕구가 많다.

소전제 소크라테스는 인간이다.

결론 따라서 소크라테스는 욕구가 많다.

이렇게 되면 배고픈 소크라테스는 사라져 버리고 욕망덩어리 소크라테스만 남게 되니 논리적으로 맞지 않습니다. 그렇다는 것은 대전제가 오인誤認을 포함하고 있으면 수정되는 일 없이 그대로 불안정한 결론이 도출되고 만다는 사실입니다. 어떤 사람에 대해 색안경을 끼고 보는 것 등은 대부분 이런 논법으로 만들어진 것입니다.

이런 사실은, 연역은 어떤 가설이나 이론이 부여된 것으로 한다는 전제로부터 시작되기 때문에 전제 안에 이미 포함되어 있는 이상의 것을 결론으로 이끌어 낼 수 없다는 사실을 보여 줍니다. 이것은 전제 자체가 움직이는 환경에서는 한 발짝만 틀어져도 길을 잃게 되는 위험성을 안고 있다는 뜻입니다.

이에 반해 귀납은 여러 사실이나 사례로부터 끌어낸 것을 일반화해서 결론으로 이어 가는 추론입니다. 예를 들어 봅시다.

대전제   곰이 연어를 먹고 있다.

소전제   다른 곰도 연어를 먹고 있다.

결론   모든 곰은 연어를 먹는다.

세상의 모든 곰을 관찰할 수 있을 리가 없기 때문에 확률론적인 결론이지만 어느 정도의 정확도를 가지고 가설을 이끌어 낼 수는 있습니다. 그런데 어브덕션은 관찰데이터를 설명하기 위

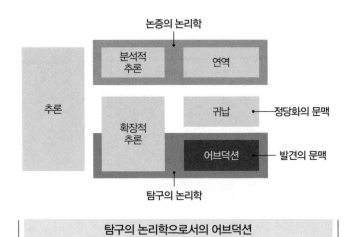

탐구의 논리학으로서의 어브덕션

한 가설을 형성하는 추론으로, 다음과 같은 새로운 생각법을 이끌어 내기도 합니다.

곰은 연어를 먹는다.

어느 알 수 없는 동물이 연어를 먹고 있다.

혹시 그 동물은 곰의 한 종류가 아닐까?

귀추법에서 추론은 창조적인 상상력으로 이어집니다. 이에 대해 찰스 퍼스는 이렇게 말하고 있습니다.

"인간은 현상을 미련하게도 살그머니 훔쳐볼 수 있다. 그러나 상상력이 움직이지 못하는 곳에서는 그 현상을 결코 합리적인 방법으로 서로 연관 지을 수가 없다."

아인슈타인은 이렇게 말합니다.

"아무리 경험을 많이 한들 거기서 이론은 생기지 않는다."

그리하여 아인슈타인은 이렇게 덧붙입니다.

"논리는 당신을 A에서 Z까지 데려다주지만 상상력은 당신을 어디든 데려다줄 것이다."

관찰된 현상이나 경험에 상상력을 더해서 하나하나의 현상들을 얼마나 연결할 수 있느냐, 어브덕션은 바로 이때 '비약jump'이 일어나게 하는 추론입니다. 그다음으로는 역동적으로 대각선을 그을 수 있는 관계로 발견해 가는 유추적 사고를 하지 않으면 안 됩니다.

놀랄 만한 사실을 발견한 시점부터

어느 내륙지방에서 물고기 화석이 많이 발견되었습니다. 이를 두고 사람들이 이렇게 말했습니다.

1. 어? 왜 이런 곳에 물고기의 화석이? → 놀랄 만한 사실

2. 이 일대가 예전에 바다였다면 물고기의 화석이 있다는 것도 납득이

   간다. → 설명 가설

3. 그렇군. 이 주변은 옛날에 바다였군. → 추론

이처럼 어브덕션은 현재 보이지 않는 것을 상상하는 것입니다. 이것을 퍼스는 '창조적 상상력에 의한 추측의 비약'이라고 했습니다. 이렇게 어브덕션은 어느 현상의 배경에 있을 만한 법칙을 끌어낼 수 있는 가능성을 가지고 있는 것입니다

예를 들면 맑은 날 아침에 밖으로 나갔을 때 '어? 왜 지면이 젖어 있지?'라는 놀랄 만한 사실을 떠올리고, 여기에 '그렇군. 지난밤에 비가 내렸군'이라는 설명 가설을 생각해 보는 것입니다. 이 또한 훌륭한 어브덕션입니다.

앞에서 과학의 관념은 모두 어브덕션에 의해 만들어진다는 찰스 퍼스의 말을 소개했는데, 여기에 더해서 패러다임의 전환에서도 어브덕션의 역할은 매우 크다고 볼 수 있습니다.

예를 들어 뉴턴Isaac Newton이 '왜 언제나 사과는 직선으로만 떨어지는가?'라는 의문으로부터 만유인력의 법칙을 이끌어 낸 것처럼 말입니다. 땅에 떨어져 있는 사과를 보고 '놀랄 만한 사실'이라고 인식한 지점에서부터 뉴턴의 탐구는 시작되었습니다.

그로부터 만유인력이라는 설명 가설을 가져왔기에 사과가 떨어지는 것도, 나뭇잎이 떨어지는 것도 모두 설명이 가능해졌던 것입니다. 뉴턴은 지상의 물체 사이만이 아니라 같은 인력이 천체 사이에도 일어나고 있다고 보고 지상과 천상의 운동을 통일적으로 설명할 수 있는 만유인력의 원리를 확립한 것입니다.

지상계와 천상계의 물체 운동은 전혀 다른 성질의 것이라고 믿었던 당시로서는 말도 안 되는 가설로 보였겠지만 이 발견이 과학을 크게 진전시켰음은 우리가 이미 잘 알고 있는 사실입니다. 강력한 아날로지의 힘이 인류 역사를 바꾸는 창조적 비약으로 작용했다는 사실을 여기서도 발견할 수 있습니다.

창조적인 감을 길들인다

떨어지는 사과에 대한 놀람과 의문이 없었다면 뉴턴의 탐구는 시작되지 않았을 것입니다. 자연계나 눈앞의 현상에 시선을 집중하는 과정에서 이런 식의 번뜩임 같은 암시를 얻기 위해 탐정 같은 통찰력으로 작은 이변이나 조짐을 잡아내는 것에서부터 어브덕션은 작동됩니다.

어브덕션은 번뜩임, 직관, 통찰의 단계를 거쳐 여기서 열거된 가설들로부터 더욱 적절한 가설을 선택하도록 숙고하는 추론의 단계에 이르도록 돕습니다. 그렇다면 번뜩임이나 직관 같은 것을 어떻게 이끌어 낼 수 있을까요? 찰스 퍼스는 그것은 인간이 가지고 있는 자연스러운 능력이라고 말합니다.

갓 태어난 병아리가 어미 닭에게 배우지도 않고 지면에 떨어져 있는 돌을 요리조리 피하면서 나무열매만을 쪼아 대듯이 인간에게도 적절한 문제의식과 가설을 골라내는 태생적 본능이 있다고 본 것입니다. 다만 그것은 진리를 탐구하려는 자세에서만 움직이는 본능이라고도 말합니다. 찰스 퍼스는 '잘 맞는 가설'의 조건으로 다음 4가지를 들었습니다.

1. 가장 그럴듯함plausibility : 가장 옳은 설명을 부여

2. 검증 가능성verifiability : 실험적으로 검증 가능

3. 취급의 단순성simplicity : 보다 단순한 가설

4. 사고의 경제성economy : 시간이나 에너지 절약

잘 맞는 가설이라는 것은 ① 잘 어울릴 만한 부합성이 있어야 하고, ② 검증 가능한 특징을 갖추고 있어야 하며, ③ 누구라도 딱 이해할 정도로 심플해야 하고, ④ 생각과 시간과 돈이 최소한으로 들어가는 방법으로 검증해야 합니다.

찰스 퍼스는 탐구와 창조의 과정에는 그 중심에 어브덕션이 있어야 한다고 했습니다. 그리고 나서 연역과 귀납을 조합시켜서 몇 번이나 어브덕션 사이클을 돌리면 더 나은 결론에 이를

수 있다고 덧붙입니다.

뭔가 막혔을 때, 또는 해결책이 필요할 때는 연역과 귀납에 아무리 매달려도 좀처럼 실마리가 보이지 않습니다. 그것뿐이라면 그나마 괜찮지만, 그 방식을 계속 고집함으로써 원하지 않는 프레임이나 스키마가 한층 더 강화되는 일도 일어날 수 있습니다. 그러니 어딘가 좋지 않은 방향으로 향하고 있다는 생각이 들면 어브덕션을 바탕으로 한 탐구와 창조의 프로세스로 바꾸도록 결단을 내려야 합니다.

어브덕션을 가로막는 것들

한번 작동을 시작하면 힘차게 나아가는 어브덕션에도 추진력을 가로막는 환경이 있습니다. 찰스 퍼스는 특히 과학 지식의 진보를 가로막는 유해 요소로 다음 4가지를 들었습니다.

1. 지나치게 자신감 넘치는 단언
2. 절대로 알 수 없는 것이 존재한다는 주장
3. 과학적 요소에 다른 설명은 쓸모없다는 태도
4. 법칙이나 진리는 바뀔 리 없다는 착각

퍼스는 어떤 행위와 지식을 움직일 수 없는 진리로 여기는 꽉 닫힌 사고를 무엇보다 싫어했습니다. 그러면서 그는 그 어떤 것도 어브덕션을 방해해서는 안 된다고 말했습니다. 이에 따라 편집공학연구소는 기업 경영자들에게 가설 추론의 접근법을 설명하면서 조직에 잠재된 다음과 같은 주장들을 하루빨리 옆으로 치우도록, 또는 그런 것으로부터 피해 갈 수 있는 도피처를 준비하라고 말해 줍니다.

1. 상식, 확신, 관습, 규칙 → 고정관념이 놀랄 만한 사실을 놓치게 한다.
2. 정답 추구주의 → 시행착오를 허용해야 결단력 있는 가설이 나온다.
3. 정합성 지상주의 → 눈에 보이는 일관성, 즉 정합성coherence만을 추구하면 이면에 도사린 큰 법칙과 멀어지게 된다.

어브덕션은 눈에 보이지 않는 것이나 작은 조짐을 다루는 과정이지 결코 완강한 불변의 이론을 추구하는 일이 아닙니다. 위에 열거한 나쁜 요소들로부터 방해받지 않는 안전한 환경을 준비하는 것도 가설 추론 접근법의 중요한 요소입니다.

또 하나 중요한 것은 귀추적인 시사나 가설의 형성이 반드시 머릿속에서만 처리되는 건 아니라는 사실입니다. 우리의 발상이나 통찰, 발견 같은 것들은 상당 부분이 환경과의 상호작용 속에서 나타납니다. 따라서 모든 것을 자신이 컨트롤하고 있다고 착각하는 것만큼 어리석은 일도 없습니다.

좋은 맛을 추가하는
어포던스

우리는 어포던스에 둘러싸여 있다

어느 맑은 날, 한 가족이 산행을 갔습니다. 잠시 산길을 걷다가 점심시간이 가까워 올 즈음에 탁 트인 장소를 발견했습니다. 그곳에는 마침 어른 허리 정도까지 오는 높이의 큰 바위가 놓여 있었습니다.

아버지는 '여기서 잠깐 쉬었다 가자!'면서 바위에 털썩 주저앉았습니다. 어머니는 도시락을 꺼내 바위의 표면 중에서 가장 편평한 곳에 놓았습니다. 아이들은 바위에 올라가 펄쩍펄쩍 뛰어놀기 시작했습니다. 그때 함께 간 애완견이 한쪽 다리를 들고 바위에 오줌을 쌌고, 개미 몇 마리가 바위 표면을 부지런히 지나가고 있습니다.

자, 하나의 바위가 동시에 여러 역할을 맡고 있다는 사실을 알아채셨습니까? 아버지에게 바위는 의자, 어머니에게는 점심 식사를 차리는 테이블, 아이들에게는 재미있는 놀이터, 강아지에게는 마킹의 대상, 그리고 개미의 시선에서 보면 먹이를 찾으러 지나가는 지름길이기도 합니다. 같은 바위라도 행위를 하는 주체에 따라 끄집어내는 의미가 이렇게 여러 가지로 바뀐 것입니다.

미국의 심리학자 제임스 깁슨James Gibson은 이런 현상을 '~할 여유가 있다, ~하여도 된다, ~을 공급하다, 산출하다'라는 뜻을 가진 '어포던스affordance'라고 명명했는데, 이는 환경이 동물에게 부여하고 제공하는 의미나 가치를 말합니다.

바위라는 대상은 잠깐 쉬고 싶은 아버지에게는 '앉는다'는 의미를 제공했고, 도시락을 차린 어머니에게는 '놓다'라는 의미를 제공했습니다. 따라서 그 바위에는 '앉다'와 '놓다'라는 어포던스가 있다고 할 수 있습니다. 그런가 하면 놀고 있던 아이들에게는 '기어오르다', 애완견에게는 '오줌을 누다', 개미에게는 '이동하다'라는 어포던스가 딱 어른 허리 정도 높이의 바위에 잠재되어 있는 것입니다.

우리들을 둘러싸고 있는 모든 것들에는 저마다의 어포던스가 있습니다. 볼펜에는 '쥔다'고 하는 어포던스가 있고, 전기 스위치는 '누른다'는 어포던스가 있습니다. 티슈는 '뽑는다'는 행위를 제공하고, 찻잔의 손잡이는 '잡는다'는 어포던스를 제공합니다. 이렇듯이 우리들은 언제나 어포던스에 둘러싸여 있으며, 여러 어포던스들을 사용하면서 자각하거나 인식하거나 동작하고 있습니다.

과연 모든 것을 뇌가 만들어 낸 것일까?

근대 이후 우리는 시각, 청각, 촉각 등의 감각 기관으로 입력된 정보를 뇌가 처리해서 하나의 의미로 만든다고 생각해 왔습니다. 이러한 관점의 뿌리에는 17세기의 철학자 르네 데카르트René Descartes가 있습니다.

'나는 생각한다, 고로 존재한다'는 말로 잘 알려진 데카르트는 정신과 신체를 다른 실체로 파악하는 '심신이원론心身二元論'을 설파했습니다. 이를 한 마디로 말하면 정신과 신체에 각각 독립된 실체가 있다는 것입니다.

객관적인 사실의 세계와 인간이 사는 가치의 세계를 명확하게 분리한 이 논리는 현대의학이나 테크놀로지 분야를 필두로 서양적 세계관의 규범이 되었습니다. 이것은 달리 말하자면 지성을 신체나 환경으로부터 분리하고, 지식이나 논리의 힘으로 자연을 품어서 세상을 인식하고 컨트롤한다는 견해입니다.

감각 기관이 받은 자극입력을 중추뇌에서 처리한 다음 신체에 지령을 내림으로써 행위출력를 한다는, 이러한 기계론적 견해를 바탕으로 과학이나 의료나 테크놀로지는 오늘날의 진보를 이루게 되었습니다.

하지만 제임스 깁슨은 이런 전통적인 지적 감각과 인식의 모델에 결정적 결함이 있음을 발견했습니다. 생물이 환경으로부터 감각 기관을 통해 받아들인 것을 뇌라고 부르는 중추나 마음이라고 할 수 있는 센서로 인해 어떤 의미로 변환된다면 인간은 간접적으로밖에 의미를 접하지 못하는 수동적인 존재가 됩니다.

깁슨은 이 논리는 명백히 틀렸다고 말합니다. 모든 것을 뇌의 활동 탓으로 돌리는 전통적인 인식 모델로는 생물과 그것을 둘러싸고 있는 환경의 관계를 제대로 설명할 수 없기 때문입니다. 그는 말합니다.

"뇌가 모든 것을 의미나 가치로 변환시키는 것이 아니라 애초부터 환경 속에 의미가 잠재되어 있고, 그것을 동식물들이 이용하고 있을 뿐이다."

그리하여 깁슨은 우리에게 이렇게 묻고 있습니다.

"생물의 내부에서 무슨 일이 일어나고 있는가 하는 문제로부터 논의를 시작할 게 아니라 먼저 환경과 생물이 만나는 곳에서 무슨 일이 일어나고 있는가 하는 것에서부터 검토해야 하지 않겠는가?"

깁슨은 세상은 애초부터 의미로 채워져 있고, 인간의 지적 감각은 그것을 찾아내는 활동이라고 생각한 것입니다. 큰 바위를 발견하고 아버지가 걸터앉은 것도, 어머니가 도시락을 올려놓은 것도, 아이가 기어오른 것도, 거기에는 어떤 행위를 하는 주체가족와 환경바위 사이에 저마다의 의미가 있기 때문입니다.

이것은 쉬고 싶다, 도시락을 꺼내 놓고 싶다, 놀고 싶다, 한쪽 다리를 들어서 오줌을 누고 싶다는 주체의 탐색 센서와 바위가 제공하는 행위의 가능성이 만남으로써 생성되는 의미입니다.

우리의 행위는 단순히 반사적으로 고정화된 것도 아니고, 처음부터 순서나 매뉴얼이 있는 것도 아닙니다. 환경 속에서 발견될 때까지는 나타나지 않던 행위가 마침내 표면에 나타날 때, 우리는 그것을 '창조'라고 부릅니다.

mini study ❻

연필에는 어떤 어포던스가 있을까요? '쥐다', '쓰다' 이외에 연필이라고 생각하지 않은 채 무의식적으로 행한 일은 무엇이 있을까요?
이런 물음에는 실제 사용 중일 때 답을 떠올려 보면 좋을 것입니다.

제2장 세계와 나를 재구성할 접근법

제임스 깁슨의 생태심리학

제임스 깁슨은 일생 동안 '지각知覺'을 가능하게 하는 것은 무엇인가, 바꿔 말하자면 생물은 어떻게 세상을 파악하고 있는가 하는 문제에 매달렸습니다.

프린스턴대학에서 철학과 심리학을 공부하는 동안, 깁슨은 독일의 심리학계를 거점으로 융성했던 '게슈탈트Gestalt 심리학'을 처음 접했습니다. 게슈탈트란 부분이 모여서 이루어진 전체가 아니라 완전한 구조와 전체성을 지닌 통합된 전체로서의 형상과 상태를 가리킵니다.

인간의 지각은 개별적인 감각의 통합으로 이루어지는 게 아니라 전체적인 틀이 있는 게슈탈트 아래에서 성립하고 있습니다. 선線이 모여 글자로 인식되는 것도, 여러 개의 소리의 연속이 멜로디로 들리는 것도, 모두 게슈탈트에 의한 것입니다. 그런 맥락에서 게슈탈트 심리학은 이렇게 말합니다.

"지각의 원인이 되는 것은 감각 기관에 의한 자극만이 아니다."

이러한 의견은 근대 이후의 전통적인 지각 연구에 비해 매우 큰 차이가 납니다. 깁슨은 이러한 게슈탈트 심리학을 바탕으로 지각이라는 수수께끼에 더욱 매달리고자 자극의 단위를 넓혀 갑니다. 그러다 그는 2차 세계대전에 참전해서 미국 공군의 지각 연구 프로젝트에 참여하게 되었습니다.

이 프로젝트에서 깁슨은 계기판에 의존하지 않고 자신의 지각만으로 곡예비행 같은 고도의 조종 기술을 발휘하는 조종사들의 능력을 보게 됩니다. 조종사들의 실제 훈련은 시각의 생리적 기능이나 공간 파악력을 시험하는 테스트 따위로는 예측할 수가 없을 정도로 혹독해서 어떤 말로도 설명하기가 어렵습니다.

거기서 깁슨은 그들이 느끼는 지각의 근원으로 조종사들의 눈앞에 나타나는 지면地面에 주목했습니다. 그곳에는 접촉했을 때 느껴지는 질감이 있는데, 이것의 패턴에 따라 거리, 깊이, 그리고 길이를 감지한다고 판단했습니다.

또한 깁슨은 지각의 비밀을 풀기 위해서는 지면과 지면의 배치 관계가 중요할 거라는 생각이 떠올랐습니다. 원근감이나 거리의 인식은 단일한 면에서는 일어나기 어렵지만 지면들의 관계 속에서는 쉽게 생겨날 수 있기 때문입니다.

게다가 그는 지각에서 또 하나 중요한 것으로 형태보다는 형태의 움직임에 따라 일어나는 변형이 아닐까 하는 생각에 이르렀습니다. 예를 들자면 불투명한 유리의 반대편에 비치는 사람 그림자가 가만히 정지하고 있다면 누구인지 알지 못하지만 움직이는 순간 '아, A로군!' 하고 짐작할 수 있는 것처럼 말입니다. 마침내 깁슨은, 조종사들은 이러한 지면과 지면의 관계layout, 레이아웃나 움직임에 따른 변화를 파악함으로써 고도의 지각과 판단을 한다는 생각에 이르게 되었습니다.

생물이 지각하는 요소에는 물질고체물, 매질공기, 면지면이나 물건의 표면, 레이아웃그것들의 배치, 생기는 일움직임이 있는데 어포던스는 이 것들의 조합이라고 깁슨은 말했습니다. 그리고 이런 환경이 지속되거나 변화하는 와중에도 어포던스는 무한하게 잠재되어 있다고 덧붙입니다.

"어포던스는 누구라도 이용할 수 있는 가능성으로 환경 속에 잠재되어 있다. 다시 말해서 그것은 공공재와 같다."

깁슨은 어포던스는 어떤 생물이라도 접근이 가능한 공공재적 특성을 가지고 있는데 생물에 따라서, 또는 사람에 따라서 서로 다른 어포던스가 지각된다고 말했습니다. 이러한 어포던스 이론은 '생태심리학ecological psychology'이라고 불리는데 오늘날 완전히 새로운 방식의 심리학으로 발전하고 있습니다.

움벨트와 어포던스

깁슨이 말했듯이 어떤 생물에게도 주변이 있고, 그 주변으로부터의 의미를 접해서 행위하며, 또한 행위로 주변에 의미를 부여합니다. 독일의 동물행동학자 야콥 폰 윅스퀼Jakob von Uexküll은 모든 생물에게 똑같은 환경이 존재하는 것이 아니라 각 생물이 주체적으로 구축한 독자적인 세계로서 무수한 환경이 존재한다고 봤습니다.

윅스퀼은 그러한 세계를 '움벨트Umwelt'라고 이름 지었습니다. 접두어 'Um'은 '주변의~'라는 뜻이고, 'welt'는 '세계'를 뜻합니다. 각 생물 주변에 나타나는 고유의 세계가 있다는 것입니다. 그는 이렇게 말합니다.

"애초에 일반적으로 객관적인 환경 같은 것은 존재하지 않는다. 각 생물이 주체로서 주변의 사물에 의미를 끄집어내어 각자의 지각과 작용에 의해 자기들의 움벨트를 구축하고 있다."

그렇다는 것은 나비는 나비의, 파리는 파리의, 개는 개의 서로 다른 지각세계와 작용세계가 존재한다는 뜻입니다. 그것들이 동반되어 완성하는 전체적인 이미지로서 윅스퀼은 '움벨트'를 제안했던 것입니다.

다음 페이지의 그림들은 윅스퀼의 책《생물로부터 본 세계生物から見た世界》*에 수록되어 있는 삽화입니다. 첫 번째는 꿀벌이 있는 환경과 꿀벌에게 있어서의 움벨트를 대비한 것입니다. 꿀벌은 십자형이나 별의 형태가 펼쳐져 보이는 꽃에만 의미를 둡니다. 잎이나 줄기, 꽃망울은 의미가 없는 것으로 보입니다.

두 번째는 같은 방에 대한 인간, 개, 파리의 움벨트를 그린 것입니다. 윅스퀼은 깁슨의 어포던스와 비슷한 개념을 '톤작용'이

---

* 윅스퀼의 주저(主著)인《Streifzüge durch die Umwelten von Tieren und Menschen》과《Bedeutungslehre》를 합본한 책의 일본어 번역판이다. (—옮긴이 주)

꿀벌이 있는 환경(왼쪽) 꿀벌의 움벨트(오른쪽)

인간에게 있어서의 방   개에게 있어서의 방   파리에게 있어서의 방

인간·개·파리의 움벨트

라 부르면서 동물 각자의 행위를 이끌어 내는 톤이 존재한다고 보았습니다. 인간의 방 안에는 탁자와 의자가 보입니다. 윅스퀼은 인간만이 누릴 수 있는 문명의 이기로서 탁자와 의자를 강조한 것으로 보입니다.

움벨트는 같은 인간이라도, 심지어 부모자식 사이라도 저마다의 움벨트로 살아가고 있다고 말합니다. 따라서 어떤 계기로 회전문이 빙글 돌듯이 다른 움벨트가 열리면 그 너머에 있는 경치가 확 바뀌어 보이게 됩니다.

마찬가지의 일이 학교나 회사 안에서, 나라와 나라 사이에서, 나아가 지구와 사람 사이에서도 일어나고 있습니다. 우리들은 평상시에 현재 자기에게 보이는 풍경이야말로 리얼한 세계라고 인식하고 있는데, 그러한 생각이 고정되어 움직이지 않게 되면 무료한 감각에 빠질 수도 있습니다.

스마트폰 안에 있는 정보들을 대량으로 입수할 수 있는 오늘날에는 개개인의 움벨트들이 지나치게 비슷하게 구축되어 있어 인류가 한 번도 경험해 본 적이 없는 인지적 위기에 처해 있는지도 모릅니다. 하지만 조금만 관점을 벗어나면 지금 보이는 세계와는 전혀 다른 세계가 존재한다는 사실을 알게 될 것입니다.

바위를 놀이터라고 여기고 펄쩍펄쩍 뛰어노는 아이들의 움벨트와 바위 표면을 이동하는 개미의 움벨트는 전혀 다른 세계지만 하나의 풍경으로 우리 앞에서 공존하고 있습니다.

우리들은 아무리 시간이 지나고 아주 먼 곳까지 간들 세계를 전부 다 알 수는 없습니다. 하지만 눈에 보이는 움직임이나 변화 속에서는 결코 일어나지 않는 의미의 세계가 여기저기에 존재하는 것입니다.

편집력의 코어 엔진

관계 발견의 원동력이 되는 아날로지, 결단력 있는 가설로 비약

　　　　　　제2장 세계와 나를 재구성할 접근법

하는 어브덕션, 세계와 자신의 관계를 유연하게 다시 파악하게 하는 어포던스를 편집공학에서는 '3A'라 부르면서 매우 중시합니다. 이 3가지 'A'들이 서로 연동함으로써 우리의 편집력이 앞으로 나아가기 때문입니다.

갑작스러운 번뜩임이나 사태를 확장시키는 아이디어, 끓어오르는 호기심, 벽을 돌파하는 탐구력, 이 모든 창조성이나 상상력은 특별한 사람에게만 주어진 선물 같은 것이라고 생각하기 쉽지만, 절대 그렇지 않습니다. 모든 사람들 안에 잠재되어 있고 세계 속에 이미 의미로서 잠재되어 있어서 그것들은 언제든 누군가에게 발견되기를 기다리고 있습니다.

다만 원시적인 힘이라고 할 수 있는 인간의 상상력이 여러 가지 사회적 문맥 속에서 덮개로 덮여 있다고 볼 수 있습니다. '3A'는 이 덮개를 살짝 들어 올려 우리들을 묶어 둔 상식이나 전제로부터 벗어나게 하는 망원경이나 점프대, 또는 사다리 역할을 하는 것입니다.

그렇기에 '3A'는 편집공학의 심장부입니다. 아날로지, 어브덕션, 어포던스의 기능과 세계관이 펌프가 되어 기세 좋게 상상력을 가동하도록 당신 안에 있는 섬세한 창조성을 마음껏 발휘할 수 있게 합시다.

'처음부터'라는 사고가 중요하다

배운 것을 모조리 버려라

"You must unlearn what you have learned."

영화 〈스타워즈 에피소드 5 – 제국의 역습〉에서 루크가 수행하는 과정에서 '그런 거 할 수 있을 리가 없다'고 한탄하자 요다가 뱉은 말입니다.

"배운 것을 엉터리라고 여기고 버려라."

이 말을 일본어 자막에서는 살짝 비틀어서 '고정관념을 버려라'라고 되어 있었습니다. 고정관념이란 마음속에 굳어 있어 변하지 않는 생각이라는 뜻인데, 그렇기에 보통 사람들에게 한번 습득한 지식을 엉터리라고 여기고 내다 버리는 일은 매우 어렵습니다.

　　　　　　　제2장 세계와 나를 재구성할 접근법

최근에는 '언런unlearn, 잊다'의 필요성을 강조하는 사람들이 늘어났습니다. 무조건적인 확신은 배움에 방해가 되기에 기존의 가치관이나 방법론을 뛰어넘지 않으면 살아남을 수 없다는 절박한 문제의식에 사로잡힌 사람들이 우리 주변엔 꽤 많습니다. 그 무엇이든 기존의 지식을 엉터리라고 여기고 과감히 버리는 언런이 강조되는 현상은 시대가 변했다는 의식이 사람들에게 싹트기 시작했음을 보여 주는 현상이 아닐까 싶습니다.

앞에서 프레임이나 스키마에 관한 이야기를 하면서 '지금 놓여 있는 인식의 프레임을 자유자재로 넘나듦으로써 자신을 옭아매고 있는 고정관념을 외부에서 바라볼 수 있게 된다'고 했습니다. 결국 언런이란 스스로 구축한 프레임으로부터 벗어나 새로운 세계상을 재구축하는 것이라고 할 수 있습니다.

기원전 500년 무렵에 언런이 세계 도처에서 일제히 일어난 것처럼 보이는 시대가 있었습니다. 중국의 제자백가, 인도의 붓다, 페르시아의 조로아스터, 그리스의 소크라테스나 플라톤 등 쟁쟁한 지성들이 지구상에 일제히 등장하여 인류의 정신문명을 고양시키는 종교나 철학의 꽃을 활짝 피운 것이 그것입니다. 독일의 실존주의 철학자 카를 야스퍼스Karl Jaspers는 이렇게 말했습니다.

"인류사의 대전환기인 이 시기는 한 사람 한 사람의 인간이 어떻게 살아가야 하는지를 전 세계가 하나로 똘똘 뭉쳐서 풀어

가던 각성의 시대였다."

현대의 우리들에게는 하나의 인간으로서 자기 자신을 위하는 게 당연한 일이지만, 이전의 역사에서는 종교나 사상이 전적으로 왕이나 황제를 위한 것이었습니다. 그런 의미에서, 인간 자신을 인식하는 정신의 전환이 유라시아 대륙을 중심으로 광범위하게 일어난 것은 세계 문명사에 있어서 분명히 엄청난 신기원입니다.

왜 이와 같이 동시다발적인 각성이 세계 도처에서 일어났는가 하는 문제에 대해서는 야스퍼스의 견해를 포함해서 여러 가설들이 있습니다. 소국가나 소도시가 떼를 지어 나타남에 따라 투쟁과 분열이 격화되고 급속하고 광범위한 번영과 함께 찾아오는 갈등이 폭발하였으며, 문자나 지폐의 출현에 의해 희박해진 신들과의 관계 등 이유를 들자면 한이 없습니다.

하지만 야스퍼스는 역사를 이런 관점으로 바라보는 것은 뭔가 문제가 있다는 느낌을 지울 수가 없었습니다. 그러던 중에 그는 동양과 서양의 지성의 근원을 완전히 다른 시각에서 재해석함으로써 그리스도교에 기초를 둔 서양 중심적인 역사관에 언런을 시키려고 했습니다.

비움의 철학

불교는 '비움'의 철학을 말합니다. 비움의 철학은 '자기부정'의 흐름 속에서 생겨난 것으로, 이 말의 영어 표현인 'void'는 '아무것도 없다, 비었다'를 뜻합니다. 산스크리스트어 '슌야Shunya'의 번역어인 이 말은 알맹이가 없는 그릇을 표현할 때 쓰는 말에서 파생되어 오늘날에는 '공허하다, 쓸모없다' 등의 의미로 사용되고 있습니다.

그런데 비움의 철학은 아무것도 존재하지 않는다는 것만이 아니라 부정의 다음으로 이어지는 긍정이 비움 사상을 요구하면서 그것의 적극적인 실천과 연결이 됩니다. 이는 달리 말하면 '무無'의 상태를 지향하는 게 아니라 비워 감으로써 그다음에 나타나는 것을 파악하려는 사상입니다.

일본 철학자 쓰루미 슌스케鶴見俊輔가 오래전에 〈아사히신문〉에 기고한 글에서 언론에 관해 쓴 부분이 무척 인상 깊어 절반으로 접어서 가지고 다녔던 기억이 있습니다. 그 내용은 이렇습니다.

나는 대학에 다닐 때 뉴욕에서 헬렌 켈러Helen Keller 여사를 만난 적이 있다. 그때 헬렌 켈러 여사는 내게 이렇게 말했다.

"나는 대학에서 많은 것을 배웠지만 그 뒤 새로운 것을 많이 받아들이면서 나의 배움을 수정해 나가지 않으면 안 되었다."

말 그대로 'learn' 다음에 'unlearn'이다. 그 글을 읽으면서, 나는 내 몸에 딱 맞춰진 형태의 스웨터를 사고 나서 다시 원래의 실 뭉치로 되돌린 다음 내 몸에 맞게 다시 뜨는 정경을 상상했다. 대학에서 배우는 지식은 필요하다. 그러나 기억하는 것만으로는 도움이 되지 않는다. 그것을 'unlearn'하는 행위야말로 피가 되고 살이 된다.

쓰루미 슌스케는 자신이 생각하는 언런은 이미 익숙해져 버린 고정관념으로부터 자유로워지는 것만이 아니라고 말합니다. 그것은 한번 받아들인 지식을 자기 자신에게 더 잘 어울리도록 스웨터를 새로 뜨듯이 다시 재구성하는 것입니다.

결국 그것은 버리는 것도, 파괴하는 것도, 덧쓰는 것도 아닌 정성을 들여 다시 한 번 사용하는 것을 의미합니다. 그러한 재사용의 과정에서 일어나는 배움이야말로 본래의 배움을 최대한 확장시키는 일이 되는 것입니다.

실을 푼 다음에 다시 뜨는 것, 비운 후에 다시 채워 가는 것……. 그 과정에서 일어나는 배움에서 진짜 재능이 펼쳐진다고 볼 수 있습니다. 그렇다면 어떻게 해야 완전한 비움에 가까워질 수 있을까요?

'처음부터'라는 사고가 중요하다

언런을 일으키기 위해서는 무엇보다 먼저 현재 있는 장소, 그로 인해 존재하는 문맥, 머릿속에 있는 지식을 송두리째 의심해 볼 필요가 있습니다. 당연하다고 생각하는 것이 정말로 당연한지, 그 당연함이 계속 생각해 볼 여지가 있는 당연함인지, 그 모든 것에 대해 자기를 객관적으로 바라보면서 재구성해 보는 것이 첫걸음입니다.

그러다 보면 자기의 프레임이나 스키마의 뛰어넘기, 고쳐 들기, 바꿔 입기가 일어납니다. 이것은 자기 안에 있는 지식 덩어리나 이미지의 군집을 새로운 눈으로 재파악해서 관계성을 새로 발견하고, 이어 나가고, 다시 편집하는 과정입니다.

이때 아날로지나 어브덕션은 필수적인 아이템이 됩니다. 여기서는 그 일련의 과정을 작동케 하는 첫걸음의 계기로 '처음부터'라고 말하는 주문을 소개하겠습니다. 처음으로 돌아가는 접근법은 크게 나누면 두 가지 방향성이 있습니다. 시선을 위로 향하는 방향과 발밑을 파내려 가는 방향입니다.

시선을 위로 향하는 것은 목적을 재파악하는 방향성이라고 해도 좋을 것입니다. 이솝우화의 〈세 명의 벽돌 쌓기 장인〉이라는 이야기를 들어 본 적이 있습니까? 어떤 여행객이 길을 걷고 있는데 벽돌을 쌓고 있는 세 사람을 만났습니다. 무엇을 하고 있느냐고 묻자 첫 번째 사람은 벽돌을 쌓고 있다고 했습니다. 그러자 두 번째 사람은 벽을 만들고 있다고 했고, 세 번째 사람은 대성당을 짓고 있다고 말했습니다.

똑같은 일이라도 받아들이는 방식에 따라 의미가 변한다는 교훈으로 자주 쓰이는 이야기인데, 여기서는 수단과 목적의 관계성에 대해 주목하고 싶습니다. 아이들에게는 어떤 일을 하더라도 큰 꿈을 가지고 생각하라는 의미로 자주 이야기되지만, 이 우화를 조금 더 분석해 보겠습니다.

세 번째 장인에게 벽돌을 쌓는 일은 대성당을 짓는 본래의 목적을 위한 수단에 해당합니다. 그러나 첫 번째 장인에게는 벽돌을 쌓는 작업 자체가 목적입니다. 이런 수단의 목적화는 사실 여러 곳에서 일어나고 있습니다. 이럴 때는 '이 일은 무엇을 위해 하는 것인가?', '왜 그렇게 생각하는가?'라는 질문을 몇 번이나 반복해 봄으로써 눈앞의 수단과 목적을 다시 파악할 수 있습니다.

'애초부터 왜 벽돌을 쌓게 되었나?'라고 생각하고, 정보의 장소와 작업의 목적과 의의로 넓혀 가면서 한 계단씩 올라갈 수 있도록 시선을 위로 향하는 것이 바로 그런 이미지입니다. 이런 방법도 정보를 받아들이는 방법이라고 여긴다면 한번 실행해 볼 수 있을 것입니다.

다른 하나인 발밑을 파내려 가는 방향은 뿌리나 원형을 찾는 방법입니다. '처음부터 이것은 무엇이었나?', '처음부터 어디서 온 것인가?', '돈이란 무엇인가?', '일을 한다는 것은 대체 어떤 것인가?' 이런 식으로 여러 '처음부터'라는 뿌리로 돌아가서 전

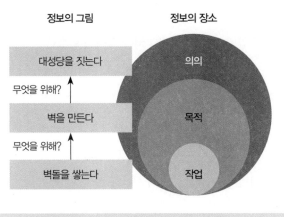

정보의 그림　　　　　　정보의 장소

대성당을 짓는다　　　　　의의

무엇을 위해?

벽을 만든다　　　　　　목적

무엇을 위해?

벽돌을 쌓는다　　　　　작업

수단과 목적의 재파악

체를 다시 파악하는 것입니다.

　편집공학에서는 현재를 재검토하면서 시선을 위로 향하기보다는 역사를 찾아서 발밑을 파내려 가는 방향으로 생각해 보기를 추천합니다. 전자는 어디까지 올라가더라도 결국 자신에게 내재된 가치관을 따르게 되기 때문입니다. 물론 잘되면 본질에 가까워질 수도 있지만 대개는 착지점이 생각했던 범위 내에 있게 됩니다.

　대부분의 기업의 이념이란 게 어딘가 모르게 일맥상통하는 것은 이런 식으로 시선을 위로 향하는 방법으로 일관하기 때문입니다. 회사가 본래 상정해 놓은 이상에 집착하는 한 타사와의 차별화에서 멀어지는 딜레마는 기업 현장에서 흔히 볼 수 있는 광경입니다.

반면에 발밑을 파내려 가서 역사 속에서 힌트를 꺼내는 작업은 보다 드라마틱한 관점의 전환이나 본질적인 과제의 발견을 기대할 수 있습니다. 왜 발밑에 힌트가 있느냐 하면, 그 어떤 개념이라도 자라 온 내력이 있고 그 배경에는 긴 시간을 거쳐 온 문화나 풍토가 있기 때문입니다. 그것들을 전부 파악함으로써 생생한 이미지 그 상태로 다시 생각해 볼 수 있습니다.

일어나고 있는 일들의 본질을 파악하는 법

편집공학에는 '약도적 원형略圖的 原型'이라고 부르는 생각법이 있는데, 정보를 다방면으로 파악할 때 자주 사용합니다. 약도적 원형에는 스테레오 타입*, 프로토 타입**, 아키 타입***의 3가지 형태가 있는데, 앞에서 이야기한 발밑을 파고 내려가는 관념은 아키 타입에 해당하는 것으로 일의 본질을 보는 데 있어서도, 그리고 약도적 원형 속에서도 매우 중요한 위치를 차지하고 있습니다.

언런을 해야 하는 배움은 대개 의식화, 언어화가 어렵습니다.

---

*   stereo type, 전형(典型).
**   proto type, 유형(類型).
*** arche type, 원형(原型).

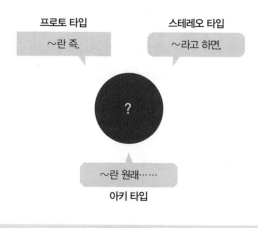

프로토 타입

~란 즉,

스테레오 타입

~라고 하면,

?

~란 원래……

아키 타입

약도적 원형의 3가지 타입

대부분 말로 하기 어려운 인상이나 느낌에 대한 것이 대부분이기 때문입니다. 이때 약도적 원형은 큰 도움이 됩니다.

- 스테레오 타입: 특정의 무엇, 또는 누군가로 대표되는 것.

  → 창의성 없이 판에 박힌 듯한 생각을 뜻함.

- 프로토 타입: 일반적인 개념에 의해서 나타나는 것.

- 아키 타입: 문화나 문맥 속에 숨겨져 있는 것.

  → 장벽 뒤에 숨은 자신의 진짜 모습을 뜻함.

예를 들어 카페를 설명할 때 '커피를 마실 수 있는 조금 멋진 가게'라고 하면 프로토 타입입니다. 이것은 '카페란 무엇인가?'

를 설명하는 일반적인 개념이라고도 말할 수 있습니다.

'스타벅스 같은 것'이라고 말하면 스테레오 타입입니다. 이렇게 '~라고 하면……'이라고 할 때 전형적인 상징으로서 바로 등장하는 경우라면 이해하기 쉬울 것입니다.

이에 비해 아키 타입은 우리들의 의식이나 기억이나 문화 속에 잠재되어 있는 원형성입니다. 이것은 어떤 형태 같은 것으로 만들어 내기가 어려운 이미지인데, 이 아키 타입을 공유함으로써 공동체의 문화가 성립되고 있다고 볼 수 있습니다.

카페의 아키 타입은 무엇일까요? 휴식을 취하는 곳, 휴게소, 요즘 같으면 사무 공간이 될 수도 있고 독서실이라는 이미지를 떠올릴 수 있습니다.

mini study❼

아이돌이라는 말의 스테레오 타입, 프로토 타입, 아키 타입을 생각해 보십시오.
스테레오 타입을 어떻게 이야기할지, 프로토 타입을 어떻게 이야기할지에 따라서 아키 타입도 바뀌어 갈 것입니다.

스테레오 타입, 프로토 타입, 아키 타입은 사람에 따라서 다릅니다. 카페나 아이돌에 어떤 아키 타입이 보입니까? 이 물음에는 사실적인 정답이 아니라 '아, 그렇구나', '맞아, 그것!'이라고 공유할 수 있는 이미지를 골라내는 것입니다. 우리들은 주위에 있는 것들을 반드시 말이나 수치로 정의 가능한 사항으로 이해하는 게 아니라 이와 같은 약도적 원형의 조합으로 파악하고 커뮤니케이션을 합니다.

우리는 하루하루의 생활 속에서 사물에 대한 이해를 스테레오 타입으로 받아들이는 경우가 많습니다. 세상에 떠돌아다니는 스테레오 타입의 이미지들이 대량으로 범람해서 그 심층에 있는 본래의 문화적 문맥이 더욱 속으로 깊이 숨어들어 가고 있는 현실입니다. 특히 SNS에 의해 일반 대중의 소리가 커져 가다 보니 어떤 가치든 순식간에 상품화하는 정보과다의 시대 속에서 이러한 흐름은 한층 가속되어 가는 듯합니다.

편집공학이 아키 타입을 중시하는 이유는, 이 흐름에 저항하는 것이야말로 사물의 본질이나 본래의 가치에 가까워질 수 있는 확실한 길이라고 생각하고 있기 때문입니다.

빵과 서커스

인디애나대학의 패트릭 브랜틀링거Patrick Brantlinger 교수는 서양 지식인들의 대중론의 계통을 정리한《빵과 서커스Bread and Circuses》라는 책을 썼습니다. '사회 쇠퇴로서의 대중문화론'이라는 부제가 붙은 이 책은 고대 로마가 열광했던 빵과 서커스를 미국 대중문화의 상징으로 내세우면서 그것에 대항하는 최선의 길이 무엇인지를 연구한 책입니다.

빵과 서커스라는 말은 고대 로마의 시인 유베날리스Juvenalis 가 로마 사회의 타락한 세태를 풍자하기 위해 시편에서 사용한 표현입니다. 유베날리스는 권력자가 무상으로 내놓는 빵음식과 서커스오락에 의해 로마 시민들이 정치적으로 장님이 되었다고 통렬히 비판했습니다. 그때부터 이 말은 우민정책의 비유로 널리 사용되고 있습니다.

오랜 기간 동안 인류에게 '힘'이라고 하면 신화의 힘, 가문의 힘, 권력자의 힘 등이었는데 근대를 지나 현대에 이르러서는 테크놀로지와 생산력, 매스미디어와 대중문화, 여기에 대중심리가 추가되었고 이 세 가지 힘이 세상을 뒤흔드는 강력한 요소가 되었습니다. 마쓰오카 세이고는 그의 저서 《천야천책》에 《빵과 서커스》를 소개하면서 현대 사회의 위기구조를 설명합니다.

매스미디어가 대중적인 우상을 만들어 내는 것은 누구라도 알 수 있지만, 이 사회가 가치에 관한 스테레오 타입만을 계속해서 양산하고 있는 것에 대해서는 알아차리지 못한다. 스테레오 티입만 만들어지면 대체 무엇이 좋지 않을까? 그것은 바로 그 안에 있는 프로토 타입이 보이지 않게 되고, 거기다가 그 더 안쪽에 있는 아키 타입까지 전혀 보이지 않게 된다는 점이다.

예를 들어 오늘날 명품이나 휴대전화는 우리 사회의 스테레오 타입이 되었다. 어디에나 같은 것들이 있으니 말이다. 그것은 그것대로 상관없지만, 스테레오 타입으로서의 명품이나 휴대전화만이 사회를 뒤덮고 있으면 그 안에 있는 '상품이란 무엇인가?', '전화란 무엇인가'라는 프로토 타입을 묻는 사람들은 완전히 없어지고, 그 역사도 망각되고 만다.

거기서 비롯된 대중심리가 이 세상 모든 것들의 결정권을 갖는 일이 생기면 우리의 역사문화에 담겨 왔던 아키 타입은 대중심리가 고른 대중적 상징으로만 요구받게 된다. 이것이야말로 고대 로마제국과 나치스가 빠져들었던 위험하기 짝이 없는 '빵과 서커스' 현상인데, 이것이 위험하다고는 아무도 생각지 않는다.

패트릭 브랜틀링거의 《빵과 서커스》는 80년대에 출간되었고 《천야천책》은 2002년에 나온 책임에도 두 권 다 현재 상황을 꿰뚫고 있는 듯해서 전율을 느낍니다.

우리는 어디에서 왔는가?
- -
'우리는 어디서 왔는가, 우리는 누구인가, 우리는 어디로 갈 것인가 where do we come from? what are we? where are we going?'

폴 고갱Paul Gauguin이 1897년에 발표한 그림의 제목으로 사용한 이 질문을, 우리는 자기도 모르게 생각해 볼 때가 많습니다. 존재란 무엇인가에 대한 수수께끼에 향하는, 그리 쉽게 답이 나오지 않을 것 같은 이 질문에 당당히 맞설 때야말로 오늘과 같은 불확실하고 불투명한 시대를 스스로의 다리로 걸어갈 수 있을 것입니다.

눈이 휘둥그레질 정도인 잡된 소음들에 현혹되지 않고 매번 내가 나아가야 할 길을 올바르게 찾아내기 위해서는 '우리는 어디서 왔고, 어디로 향하는지'를 묻는 아키 타입의 나침반을 놓치지 말아야 합니다.

'원형을 더듬어 본다', '시작을 묻는다', '기원을 묻는다'는 태도를 자신이 자기 자신임을 실감하기 위한 작은 주문으로 만들기를 추천합니다. 그런 의미에서 〈스타워즈〉에서 요다가 말한 'You must unlearn what you have learned'는 본래의 자기 자신에게 눈을 뜨라는 의미로 마음 깊이 새길 필요가 있다고 생각합니다.

인간은 어른이 되어 가는 과정에서 여러 가지 규범을 익혀 갑니다. 주위에 협조하고 사회의 요청에 응하면서 많은 것을 배워 가는 동안에 아이 때는 그렇게도 자유로웠던 상상력의 날개가 어느 순간 굳게 접혀 버리게 됩니다.

'그것은 원래 그런 것이니까……'라면서 자기도 모르게 갖게 된 고정관념 때문에 자신에게 다시 한 번 날개를 펼칠 여지가 남아 있지 않다고 느끼는 경우가 아주 많습니다. 하지만 이 세상 누구나, 그 마음속에 본래 가지고 있는 상상력을 발휘하기 위한 여지가 무한히 열려 있게 마련입니다.

우선 세상에 존재하는 어포던스와 누구나 가지고 있는 아날로지, 그리고 뭔가 확 느껴지는 어브덕션으로 눈을 돌리는 것이 중요합니다. 그런 다음에 거대한 흐름 속에서 하나의 점에 불과한 자기 자신이라는 불확실한 존재를 다시 느껴 봐야 할 것입니다. 그렇게만 하면 인식의 틈바구니로 여태껏 느껴 보지 못한 힘이 새싹처럼 분명 얼굴을 내밀 것입니다.

봄이 봄다운 것처럼, 자신이 자신답게 존재할 때 상상력의 날개는 조금씩 그 근본을 풀어 나가게 됩니다. 이때 '자기답다'라는 것은 과연 무엇일까요? 이제부터 그 이야기를 해보겠습니다.

보이지 않는 것을
가치로 바꾼다

'답다'의 가치에 대하여

'~답다'라는 말은 무슨 뜻일까요? 사실 우리는 수많은 '~답다'에 둘러싸여 있습니다. '아이답다', '사과답다', '그 사람답다', '남자답다', '여자답다'고 말할 때가 그렇습니다. 이 말은 사전에 '그것이 지니는 성질이나 특성이 있다'는 뜻으로 풀이되고 있습니다.

그렇다면 우리가 '답다'라고 말할 때는 그 표현 안에 무슨 뜻을 내포하고 있을까요? '너답지 않다'고 하면 어떤 좋지 않은 일을 했기 때문일 수도 있고, '그 사람답네'라는 말에는 칭찬과 욕이 모두 포함될 수 있습니다.

그렇게 보면 '답다'라는 말은 그 속에 문맥적으로 확장이 되는 이차적 의미를 포함하고 있다는 걸 알게 됩니다. 그 어떤 '답다'든 대부분 딱 이것이다 하는 설명이 없어도 통하게 되니 참 신기한 일입니다.

기업이나 상품의 명칭 뒤에 '답다'라는 말이 붙는 것은 경우에 따라서 매우 큰 가치를 가집니다. 사람이나 상품이나 장소에 팬들이 생기는 것은 그 자체만이 가지고 있는 '답다'에 공감하기 때문이라고 볼 수 있는데, 그 '답다'를 잃어버리게 되면 유서 깊은 가게든, 유명인이든, 명품이든, 팬들은 가차 없이 떠날 것입니다.

상업적인 가치뿐만 아니라 하나의 문화로서 거기에 살고 있는 사람들의 양식으로서도 '~답다'는 큰 지탱이 되어 줍니다. 기업 활동에 있어서 '답다'를 의도적으로 바꿔 말하자면 조직 문화, 기업 분위기, 행동 양식, 핵심역량 경영, 관습성 등 여러 가지가 떠오릅니다. 그렇기에 어느 기업이 '우리 회사답다'는 것을 잃어버리면 고객과의 관계나 사내의 구심력이 줄어 가는 등 매우 중요한 요인이 됩니다.

정보의 코드와 모드

그렇다면 '답다'는 무엇에, 그리고 어디에 존재할까요? 무엇인가의 정보임에는 틀림없지만 그것은 어디에 있을까요?

정보는 '코드code'와 '모드mode'로 나눠서 생각할 수 있습니다. 코드는 정보의 구조나 룰, 스펙 같은 것입니다. 매뉴얼이나 설명서에 적혀 있는 정의나 규칙, 사실이나 소재, 시스템의 구성요소라고 봐도 좋습니다. '소스 코드source code'라고 하면 프로그래밍의 절차가 적혀 있는 정보를 말하고 '드레스 코드dress code'는 무엇을 입어야 하는지 그 자리에 맞는 복장에 관한 규정입니다. 이것은 명기가 되어 있어 언어화나 수치화가 가능하고 관리하기가 쉽습니다.

한편 모드는 언어나 숫자로 표현할 수 없는 이미지나 양식 같은 것입니다. 스타일, 상태, 양상 등 눈에 보이지 않는 분위기나 뉘앙스라고 할 수 있습니다.

유행이나 문화, 그리고 트렌드는 어떤 코드의 조합 위에 표출되는 모드나 스타일이 유통되는 것입니다. '답다'는 기본적으로 이 모드에 머물러 있습니다. 그렇기에 이해하기가 어렵고, 이끌어 내기도 힘듭니다.

어떻게 '답다'를 알아낼 수 있을까?

어떻게 '답다'를 알아낼 수 있을까요? 편집공학에서는 여기에도 스테레오 타입, 프로토 타입, 아키 타입의 파악이 선행되어야 한다고 말합니다. 사람은 '답다'라는 말로 설명하기 어려운 이미지를 인식하거나 표현하는 데 있어 머리의 안쪽과 바깥쪽 모두를 사용합니다. 인지 대상으로서 머릿속에 이미지화된 정보가 있다는 얘기입니다.

예를 들어 삼각형 아래에 봉을 그려 넣으면 나무로 보이고, 삼각형 아래에 사각형을 그려 넣으면 집으로 보입니다. 나무나 집이라는 이미지가 우리의 머릿속에 존재하기에 나타난 도형을 조합해서 '아, 그것!'이라고 인식합니다.

아날로지의 과정에서는 이러한 이미지의 변화가 쉴 새 없이 일어납니다. 이때 우리들이 인지하는 형상이나 형태가 바로 앞에서 말한 '게슈탈트'입니다. 생태심리학에서 유래된 게슈탈트라는 말은 간단히 말해서 어떤 형상과 배경의 조화를 뜻합니다.

예를 들어 초상화나 모창, 그리고 흉내는 엄밀하게 따지면 대개 본인의 모습과는 다르지만 그 사람보다 더 그 사람답다는 이상한 감각을 불러일으킵니다. 무엇인가의 특징을 생각한 대로 변형함으로써 '답다'가 되는 경우도 있는 것입니다.

초상화나 만화, 풍자화에서 보이는 과장이나 왜곡을 '캐리커처caricature'라고 합니다. 대담한 생략이나 부분의 강조, 그리고 과장스러운 연출로 재미있는 '답다'를 전하는 표현 기법입니다. 이러한 특징의 과장은 비주얼뿐만이 아니라 신화나 드라마, 애니메이션, 게임 속에서도 중요한 편집적 기법으로 사용됩니다. 그만큼 사람들의 기억에 남는 이야기 편집을 위해 '답다의 과장'이 중시되어 왔습니다.

고대 그리스에서는 철학이나 시학, 건축 등의 표현에 잠재되어 있는 기법을 '아날로기아Analogia, 유추', '미메시스Mimesis, 모방', '파로디아Parodia, 해학' 등 3가지로 구분했습니다.

아날로기아는 아날로지를 말하는 것으로 유추나 연상, 추론, 어브덕션이 여기에 속합니다. 미메시스는 흉내나 모방을 말하는데, 흉내놀이는 아주 멋진 미메시스가 됩니다. 한편 파로디아는 우리가 잘 아는 패러디Parody로 앞서 말한 캐리커처나 해학, 수수께끼, 농담이 여기에 포함됩니다.

편집공학연구소가 운영하는 온라인 스쿨 이시스ISIS 편집학교에서는 이러한 고대 그리스의 편집 기법에 착상을 얻어서 '답다'를 기초로 하는 편집 방식을 가르치고 있습니다. 수업의 명칭은 '미메로기아ミメロギア'로, 이 학교의 설립자인 마쓰오카 세이고가 '미메시스, 아날로기아, 파로디아'에서 따온 이름입니다.

미메로기아 수업에서는 놀이, 배움, 게임의 측면에서 굉장히 좋은 결과를 보이고 있습니다. 복잡한 규칙 설명 없이 누구나 참여할 수 있는데도 참가자 저마다의 특유한 상상력이 활발하게 움직이는 것을 자주 발견합니다. 예를 들면 다음과 같은 과제를 부여합니다.

- 주제: 나쓰메 소세키[夏目漱石, 일본의 소설가]와 모리 오가이[*森鷗外, 일본 근대 문학의 창시자]로 미메로기아해 보십시오.
- 대답의 예: 소세키의 짚신·오가이의 나막신

소세키의 짚신이나 오가이의 나막신을 따로 살펴보면 문자적 이상의 의미는 없지만, 그런 식으로 나열함으로써 문자나 사실관계에는 찾아볼 수 없던 '소세키답다'와 '오가이답다'가 생기게 됩니다.

그 외에도 '삐딱한 소세키·고집불통 오가이', '한쪽 보조개의 소세키·길게 뻗은 눈썹의 오가이' 등 다양한 은유들이 떠오릅니다. 한쪽 보조개나 길게 뻗은 눈썹은 메이지 시대를 대표하는 두 사람과는 직접적인 연관이 없지만 이렇게 나열해 보니 '아, 그렇군!' 하고 납득되는 게 정말 신기합니다.

mini study ❽

기원전과 기원후를 미메로기아해 보십시오.

과거와 현대를 대비시켜 다양한 '답다'를 만들어 낼 수 있을 것입니다.

---

* 모리 오가이는 나쓰메 소세키와 함께 일본 근대문학의 쌍벽을 이루는 대문호이다. 두 작가는 상반된 사생활과 문체 등으로 자주 비교된다.(-옮긴이 주)

소세키의 짚신 – 오가이의 나막신
음독의 소세키 – 묵독의 오가이
칠판의 소세키 – 백의의 오가이
토요타의 소세키 – 마쓰다의 오가이
화로 소세키 – 난로 오가이
누워서 읽는 소세키 – 정좌하고 읽는 오가이
인생 문제의 소세키 – 역사 문제의 오가이
삐딱한 소세키 – 고집불통 오가이
유머의 소세키 – 전투적 오가이
교수 소세키 – 의사 오가이
평상복의 소세키 – 예복의 오가이
서민인 소세키 – 중산층인 오가이
칠판의 소세키 – 청진기의 오가이
출석을 체크하는 소세키 – 맥을 짚는 오가이
런던의 소세키 – 베를린의 오가이
아르누보의 소세키 – 고딕의 오가이
짜증의 소세키 – 점잖은 오가이
비스킷의 소세키 – 화과자의 오가이
인력거 타는 소세키 – 말을 타는 오가이
소화제의 소세키 – 두통약의 오가이
마돈나를 동경한 소세키 – 무희에 빠진 오가이
나누지 못하는 소세키 – 해내지 못하는 오가이

나쓰메 소세키와 모리 오가이의 미메로기아 답안집

나쓰메 소세키와 모리 오가이라는 두 명의 대가를 미메로기아 입장에서 평가하면서 이렇게나 많은 은유가 나오다니 놀라울 따름입니다. 이런 식으로 이시스 편집학교에서는 미메로기아 대회가 정기적으로 열리는데, 교사진이 우수작품을 선발합니다. 겉으로만 보면 과정이 매우 단순하지만 이 미메로기아에

제2장 세계와 나를 재구성힐 접근법

는 아날로지나 어브덕션이 고도로 작동됩니다. '무엇을 가지고 무엇으로 파악하는가?'라는 말처럼 은유나 아날로지를 양방향으로 교차시키면서 딱 떨어지는 착지점을 찾아내면 교사들이 무릎을 탁 칠 정도로 훌륭한 작품이 나오는 걸 자주 볼 수 있습니다. 독자 여러분도 꼭 한번 해보시기 바랍니다.

일본은 술어의 나라

앞서 설명한 미메로기아는 하나의 사안에 얼마나 뜻밖의 술어적 통일을 발견할 수 있는가를 경쟁하는 게임입니다. 그것이야말로 관계의 발견으로, 세계를 새롭게 바라보는 눈을 제공한다는 면에서 아주 중요합니다. 그런 뜻에서 헬렌 켈러가 말한 언런은 무엇주어을 많이 배웠다 하더라도 '어떻게·어찌한다술어'의 관점으로 다시 파악할 필요가 있다는 뜻인지도 모릅니다.

편집공학은 '무엇'보다 '어떻게'에 축을 두고 있습니다. '답다'와 같은 보이지 않는 가치를 파악하기 위해서는 복잡한 것을 복잡한 채로 그냥 놔두고 그 안에 내포하고 있는 술어적 의미를 파악하는 것이 더 많이 필요하다는 입장입니다.

'술어적'이라는 말은 일본인들에게 매우 익숙한 것이기도 합니다. 서양문명은 주어적 통일인 반면에 일본은 전통적으로 술어적 통일이 우선시되는 문화를 발달시켜 왔습니다. 프랑스의 지리학자 오귀스탱 베르크Augustin Berque는 일본문화를 상징하는 가장 큰 특징으로 주어를 필요로 하지 않는 일본어의 형식을 가리켰습니다.

예를 들어 '춥다'고 말할 때 서양의 언어는 '공기가 차갑다'거나 '몸이 차가워졌다'와 같이 주어에 의해 상황이 명시됩니다. 반면에 일본어의 '춥다'는 공기가 차갑다는 의미로도, 그리고 그것을 느끼는 인간의 몸에도 동시에 일어날 수 있습니다. 따라서 춥다고 말하는 사람을 둘러싼 정경 전체에 춥다는 상황이 스며들어 있어 둘 사이를 나눌 수가 없습니다.

일본인이 보면 애써 생각할 필요도 없는 일이지만 베르크의 말로는 서양 사람들은 이런 현상에 무척 당황한다고 합니다. '무엇을'이나 '무엇이'보다 '어떻게' 또는 '어떻게 되었다'를 중심으로 커뮤니케이션을 성립시키고 있다는 사실이 그들에게는 몹시 낯선 정경이기 때문입니다.

오늘날의 자연과학은 주어적 통일을 문화의 기조로 하는 서구세계에 기원을 두고 있기 때문에 세계가 자연스럽게 주어를 축으로 하는 자연의 이해를 전제하게 되었다고 볼 수 있습니다. 그러나 그 우선순위를 결정한 서구세계의 근대과학 혁명의 시대는 인류의 문명사 전체에서 봤을 때는 한순간에 지나지 않습니다. 아리스토텔레스부터 근대과학 혁명까지 2000년을 기록한 뉴턴의《프린키피아Principia: 자연철학의 수학적 원리》는 마지막을 이렇게 맺고 있습니다.

> 인간의 질문에는 과학적인 사실을 기술함에 의해 대답할 수 있는 것
> 과 그렇지 않은 것이 있다. 후자에는 대답이 없음은 물론 물어볼 의
> 미조차 없다고 말들 하는데, 근거도 없이 착각하게 되는 현대에서는
> 어떤 의미로는 문화의 빈곤시대라고 말하지 않을 수 없다.
> 사실적인 지식만이 지식일 리 없다. 부당하게 억압된 시대는 이야기
> 적인 지식에 의해 적절하게 대답할 수밖에 없는 질문이 풍부한 시대
> 라고 보기 어렵다. 이 책의 주요 테마인 현대의 '지식의 언밸런스'의
> 궁극적인 모습을 여기서 본다.

인류가 여기까지 세워 온 주어적인 사실의 지식은 현대 사회
의 중요한 기틀을 만들어 냈습니다. 그것은 틀림없이 우리들의
중요한 토대이기도 하지만, 한편으로는 '답다'와 같이 유연한
술어적 이야기의 지식을 다루는 방법을 열어젖히는 것이 급선
무라고 볼 수 있습니다.

보기 힘든 것, 말할 수 없는 것, 정답을 낼 수 없는 것. 이러한
정보들 속에 불투명한 내일을 여는, 즉 앞으로 21세기의 세계
를 나아가기 위해 필요한 매우 중요한 요인들이 내재되어 있지
않나 싶습니다. 그것은 완전히 새로운 기능이나 풍경이 아니라
애초부터 인간이 가지고 있는 힘입니다.

마음을 움직이는
내러티브 접근법

왜 우리에게는 이야기가 필요할까?

당신이 태어나서 처음으로 접한 재미있는 이야기는 무엇입니까? 〈빨간 망토〉, 〈아기돼지 삼형제〉 등 어른이 되고 나서 다시읽을 리는 없지만 대충 줄거리를 기억하고 있는 이야기들을 우리는 몇 개씩은 가지고 있습니다.

아이 때는 그림책이나 동화책으로, 아니면 소설이나 드라마나 영화나 연극으로, 어떤 때는 친구들 사이의 경험담이나 소문으로, 광고나 포스터 속의 이야기로, 우리는 자각을 하든 안 하든 상관없이 무수한 이야기를 만들어 내고 흡수하면서 살아갑니다.

왜 인간에게는 이야기가 필요할까요? 세상을 살면서 삶의 의미를 파악해 가는 과정에 아무 단서도 없으면 너무 막막해서 잡지 못하는 것이 정보입니다. 인류는 그러한 세상을 어떻게든 파악하고, 그것을 타자와 공유하기 위한 장치로 이야기를 사용해 온 것입니다.

프랑스의 기호학자 롤랑 바르트Roland Barthes는 《이야기의 구조 분석Introduction à l'analyse structurale des récits》이라는 책에서 다음과 같이 말했습니다.

이야기는 인류의 역사와 함께 시작한다. 이야기를 가지지 않는 민족은 어디에도 존재하지 않고, 역사를 통틀어서도 결코 존재하지 않았다. 이야기는 인생과 마찬가지로 민족을 넘어, 역사를 넘어, 문화를 넘어서 존재하는 것이다.

사람이 세상을 어떤 방법으로 파악하는 장치가 이야기라면, 인류의 역사와 함께 이야기의 역사도 동반되고 있다는 뜻입니다. 'history역사'라는 단어에는 'story이야기'가 포함되어 있는데, 이 단어는 과거에 생긴 일을 말하는 기술이나 우화라는 뜻인 라틴어 'historia'를 어원으로 합니다.

인류가 아직 문자를 갖지 않았을 때에는 이야기라는 장치에 기대어 중요한 정보를 전달했습니다. 유럽에서는 극장에서 열리는 연극을 통해 입에서 입으로 전해져 왔는데, 고대 그리스의

《일리아드》와《오딧세이》가 여기에 속할 정도로 이야기의 역사는 깊습니다.

리듬이나 이야기 방식, 이야기의 흐름이나 감정을 동요시키는 상황 묘사 등이 이야기하는 쪽의 장기 기억에 보존되어서 듣는 사람에게 전해지고, 이것이 오랜 시간에 걸쳐 무한 반복되면서 이야기라는 장치를 완성해 온 것입니다. 사람들의 경험을 시간의 틀에 끼워 맞춰서 표현하는 이야기는 단순히 오락을 위한 것만이 아니라 정보의 보존과 전달을 위한 미디어라고 볼 수 있습니다.

이야기의 양식으로 정보를 전달하는 과정에서 스페인어, 아랍어, 영어 같은 언어 시스템도 완성되었습니다. 인류 역사 전체로 보면, 언어가 이야기를 만들었다기보다는 이야기라는 양식이 먼저 생기고 각각의 언어 시스템이 만들어졌다고 보는 게 타당할 것입니다.

이야기 회로를 자각한다

이와 같이 인류 역사와 함께해 온 이야기지만 그것은 문명이나 사회 속에서만이 아니라 우리들 하나하나의 머리나 마음속에도 이미 담겨 있습니다.

세 살 정도가 되면 이야기를 받아들일 자세가 준비됩니다. 따로따로 인식되던 세계가 점점 시간의 연결로 인식할 수 있고, 어느 시기가 오면 한 번에 이어집니다. 말이 트이기 시작한 아이는 처음에는 '멍멍', '푸푸' 같은 단편적인 의미를 기억하지만 어느 순간 갑자기 '방금, 강아지가, 멍멍했어요. 놀랐어요!'라고 이야기를 하게 됩니다.

캐나다 토론토대학의 신경학자 노먼 파브Norman Farb 박사는 사람의 머릿속에는 세상을 파악하기 위한 네트워크가 구축되어 있어서 우리가 멍한 상태에 빠져 있을 때나 잠을 자는 동안에도 정보를 소화하고 이해할 수 있게 해준다고 말합니다.

이러한 장치가 있기 때문에 이야기라는 양식을 통해 '무엇이 무엇을 해서 어떻게 된다'는 패턴으로 막연했던 세상을 혼란을 겪지 않고 인식하는 능력을 습득해 갈 수 있게 된 것입니다.

'이야기 회로'라고 볼 수 있는 이런 인지 회로가 움직이기 시작할 때, 아이는 눈앞의 '멍멍'이 '방금, 강아지가, 멍멍했어요!'라고 이야기할 수 있는 것입니다. 헬렌 켈러가 앤 설리번 선생님이 손바닥에 써준 '물WATER'이라는 글자를 흐르는 물과 함께 느끼고, 거기서부터 한 번에 자신을 둘러싼 물체와 언어와 의미의 관계를 발견했듯이 말입니다.

마쓰오카 세이고는 편집공학의 관점으로 이야기를 연구하던 중에 이야기 회로에 해당하는 것이 인간의 편집력에 크게 관련되어 있음을 발견했습니다.

아이들이 성장 과정에서 그림일기를 적거나 교실에서 이야기하는 것은 모두 정보 습득 경험을 편집하여 표현하는 것입니다. 그러다 선생님이나 부모님으로부터의 영향, 친구와의 대화, 문학이나 음악과 만나는 과정에서 새로운 이야기 회로의 형성이 일어납니다. 이러한 2차, 3차에 걸친 이야기 회로의 형성을 통해 여러 가지 자신의 경험을 편집하고 각색해 가는 것이라고 마쓰오카 세이고는 보았던 것입니다.

이러한 이야기 회로가 편집력의 바탕에 자리 잡고 있기 때문에 우리들은 세계를 분절화하고, 관계를 맺고, 의미를 만들어 낼 수 있는 것입니다. 그렇다면 우리들이 만들어 내는 정보에다 사전에 이 이야기 회로를 심어 넣음으로써 대량의 정보를 더욱 훌륭하게 취급할 수 있지 않을까요?

마쓰오카 세이고는 〈하버드비즈니스 리뷰〉에 기고한 '빅데이터 시대의 편집공학'이라는 기사에서 빅데이터에서의 이야기 회로의 편집이라는 견해를 제시했는데, 이는 몇몇 글로벌 기업에서 연구 자료로 쓸 정도로 화제였습니다.

우리는 자기 자신을 둘러싼 세계를 일종의 극장같이 파악해서 장면이나 캐릭터의 움직임의 조합에 따라서 복잡하게 서로 얽힌 무수한 정보를 징확하게 치리합니다. 일상의 별것 아닌 일에서부터 마음이 동요되는 경험에 이르기까지 어떤 이야기의 등장인물로 세계와 자기 자신을 인식하고 있는 것입니다.

이야기의 5대 요소

그렇다면 이야기라는 정보는 어떤 요소로 구성될까요? 편집공학에서는 이야기를 성립시키는 부품으로 다음의 5가지 요소가 있다고 봅니다.

1. 세계관으로서의 월드 모델World Model

2. 이야기의 줄거리가 되는 스토리Story

3. 여러 장면들을 구성하는 씬Scene

4. 등장인물인 캐릭터Character

5. 이야기를 진행하는 내레이터Narrator

이들을 자세히 살펴보면 다음과 같습니다.

1. 월드 모델

이야기를 성립시키는 공통된 세계상이나 조직으로 시공간을 포함한 세계 구조와 무대 설정에 해당하는 것을 말합니다.

2. 스토리

이야기의 흐름이나 궤도를 일컫는 스크립트나 줄거리로, 아리스토텔레스는 스토리를 논리의 운반인 로고스logos와 구별해서 미토스mythos라고 했습니다.

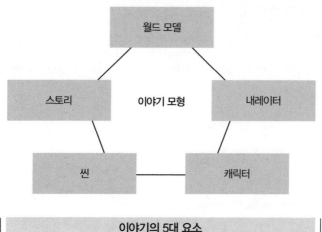

이야기의 5대 요소

3. 씬

이야기를 특징짓는 장치로서 여러 개의 장면들로 구성되지만 효과적인 장면을 삽입하여 이야기를 확대 전개하는 역할도 해냅니다.

4. 캐릭터

주인공을 비롯한 모든 등장인물을 말합니다. 각각의 등장인물을 나타내는 특징이나 등장인물 간의 관계성 등이 이야기의 특색을 만듭니다.

5. 내레이터

이야기를 진행하는 사람입니다. '옛날 어느 마을에……'라고 이야기하는 경우도 있고, '큰 복숭아가 흘러왔다'고 등장인물의 시점에서 이야기하는 경우도 있습니다.

대개의 이야기는 이러한 5가지 요소가 조합됨으로써 성립합니다. 그리고 이야기에는 반드시 시작과 끝이 있습니다. 이제부터 이야기의 5대 요소를 활용하여 멋진 이야기의 모형模型을 만들어 낸 사례들을 살펴보겠습니다.

영웅 전설, 세상을 매료시키는 이야기의 비밀

이야기의 5대 요소를 조합시켜 구성된 이야기에는 고대 신화 이래로 이야기의 모형이라 불리는 패턴이 내재되어 있습니다. 미국의 신화학자 조지프 캠벨Joseph Campbell은 신화의 패턴에서 '영웅 전설'이라 불리는 이야기의 모형을 추출해 냈습니다.

그는 동서고금의 신화나 전설, 소설에는 '분리·여행separation → 통과의례initiation → 귀환return'이라는 3가지 단계로 구성된 이야기들이 무수히 많다고 말합니다.

어떤 인물 A는 아무 일도 없는 일상에서 무슨 일로 인해 여행에 나섭니다. 물리적인 여행일 수도 있고, 정신적인 여행일 수도 있습니다. 여행지에 통과의례와도 같은 여러 가지 시련을 겪

'영웅 전설'의 패턴

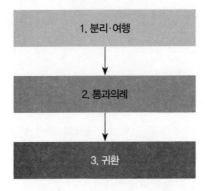

영웅 전설의 이야기 모형

게 되지만 그것을 훌륭히 뛰어넘어 뭔가를 얻고 원래 장소로 돌아옵니다. 그러나 이때 귀환한 A는 여행하기 전의 A와 같은 사람이 아닙니다. 이전과는 전혀 다른 새로운 사람, 즉 영웅이 되어 돌아온 것입니다.

　이러한 이야기 모형을 충실하게 집어넣어 영화로 만든 사람이 캠벨의 제자였던 조지 루카스George Lucas입니다. 그가 만든 〈스타워즈〉는 딱 영웅 전설입니다. 그 이후 할리우드 영화에서는 이러한 영웅 전설을 수없이 양산해서 무수한 히트작들을 세상에 내놓았습니다.

　이러한 이야기 모형은 세계 여러 나라에서도 볼 수 있는데, 일본에서는 《모모타로桃太郞》가 제일 알기 쉬울 것입니다. 복숭

아에서 태어난 모모타로는 어느 날 도깨비 때문에 애를 먹는 마을을 구하려고 도깨비 퇴치에 발 벗고 나섭니다. 도중에 원숭이, 꿩, 개와 합세해서 도깨비를 멋지게 물리친 모모타로는 그들을 용서해 주는 대신에 그들로부터 보물을 받고 돌아옵니다. 그 뒤 모모타로는 마을 사람들에게 보물을 나눠 주고 할아버지 할머니와 행복하게 살아갑니다.

영웅 전설의 세 가지 요소에 충실한 이야기들을 찾아보면 여러 가지 흥미로운 발견들을 할 수 있습니다. 이시스 편집학교에서는 영웅 전설을 빌려 와 자기만의 스토리를 만드는 '이야기 편집술'을 배웁니다. 이야기를 쓰는 것은 자기와는 거의 인연이 없는 일이라고 생각해 왔던 사람들도 패턴 활용을 통해 꽤 그럴 듯한 이야기들을 완성합니다.

그들은 영웅 전설의 원칙에 충실히 따르면서 거기에 읽는 사람의 마음을 움직이는 편집상의 여러 가지 테크닉도 집어넣는데, 그런 모습들을 보노라면 모든 인간은 타고난 이야기꾼이 아닌가 하는 생각이 들 정도입니다.

말할 수 없는 것을 말하는 장치

이야기 모형은 매력적인 이야기를 만드는 데 활용할 수 있고, 나아가 우리의 내면을 들여다보거나 동료들의 기분을 한데 모으거나 하는 소통의 장치로도 중요한 역할을 합니다. 인간의 머리나 마음속에는 신화시대 이후 이러한 이야기 모형이 하나의 회로로 내장되어 있어서 인류에게 친숙한 이야기 모형이 그 회로에 접속되면 우리의 감정이 크게 움직입니다.

그렇다면 할리우드 영화나 소설만이 아니라 누군가의 메시지를 전하거나 동료들과 비전을 공유할 때도 이러한 이야기 모형은 크게 기능합니다. 자신이 전하고 싶은 것을 이야기 모형에 넣어 메시지를 전달하면 받는 사람의 이야기 회로로 들어가 저마다의 방식으로 감응하기 때문입니다.

편집공학연구소에서는 기업의 이야기 회로를 구조 분석하고 기업의 미래를 향해 영웅 전설을 함께 그려 나가는 작업을 공부하는데, 이를 '루츠 에디팅Roots Editing'이라고 합니다. 편집공학연구소에서는 이런 식의 방법을 '이야기 접근법'이라고 부름으로써 흔히 말하는 스토리텔링Storytelling과는 확실하게 의미를 구분하고 있습니다.

스토리텔링은 알리고자 하는 바를 단어, 이미지, 소리를 통해 이야기로 전달하는 것으로 한 마디로 말해서 '이야기하기'라는 뜻입니다. 그것은 우리가 살아가면서 경험한 서사들을 다른 사람에게 풀어내는 것을 말합니다. 이곳저곳에 흩어져 있는 데이터를 모아 어떤 주제를 전달할 경우, 각자의 다른 내용과 형식을 담고 있는 데이터들을 하나의 주제로 엮기 위해서는 이를 연결하는 고리가 있어야 하는데, 이것이 바로 스토리입니다.

이에 비해 이야기 접근법은 타인에게 어떤 이야기를 할 때, 그 내용을 전달하기 위해 재미있는 사례나 비유를 들어 설명하는 것을 말합니다. 가령 '배려'에 대해 말할 때 '여러 가지로 마음을 써서 보살피고 도와준다는 뜻'이라는 사전적 해설보다는 예로부터 전해 내려오는 고사나 주변의 일화에서 배려를 통해 인간관계를 두텁게 한 사례를 들어서 배려가 얼마나 훌륭한 일인지를 설명하는 방법입니다.

정보가 과도하게 넘쳐나는 요즘인데도 동료들 사이에 한 방향의 스토리텔링이 생각처럼 전달되지 않습니다. 따라서 이런 시대일수록 이야기에 대한 울림을 불러일으키는 '이야기 접근법'이 필요하게 됩니다.

사회과학이나 임상과학의 영역에서는 90년대 이후부터 내러티브를 키워드로 하는 이론적, 실천적 시도를 많이 해왔습니다. 그 배경에는 오랫동안 교과서적인 이론에 따른 언어가 중시되어 온 논리의 현장에서 내러티브의 힘을 깨닫게 되었기 때문입니다.

이론은 필연성, 일반성, 법칙성을 중시하지만 내러티브는 우연성, 개별성, 의외성을 내포하고 있습니다. 따라서 내러티브가 현실의 이야기로 정착되면 내용의 깊이와 넓이를 무한대로 확장시킬 수 있습니다.

이제 우리는 단단히 고착화된 프레임으로부터 밖으로 나가는 기술로서의 아날로지와 환경과의 관계 속에서 의미를 찾아내어 새로운 세계상을 손에 넣는 어포던스, 그리고 든든한 가설 사고를 조작하는 어브덕션 기법을 잘 조합하여 다양한 이야기 접근법을 창출해 낼 수 있습니다.

알고는 있지만 말로는 할 수 없는 세계

문학을 통해 상상력이 무엇인지를 탐구했던 프랑스의 철학자 가스통 바슐라르 Gaston Bachelard 는 부여된 이미지를 바꿔 만드는 것이야말로 상상력의 움직임이라고 말했습니다.

사람들은 상상력이란 이미지를 형성하는 능력이라고 알고 있지만 상상력은 오히려 지각에 의해 제공된 이미지를 타원형으로 만드는 능력이고, 기본 이미지로부터 우리들을 해방시키거나 이미지를 바꾸거나 하는 능력이다. 이미지의 변화, 이미지의 뜻밖의 결합이 없으면 상상력은 없고, 상상한다는 행동도 없다.

그는 이미지의 변화, 이미지의 통합을 위해 이야기라는 정보 포맷이 상상력을 앞서서 기능한다고 보았습니다. 캠벨은《신화의 힘 The Power of Myth》에서 우리들이 신화 같은 이야기 모형으로부터 무엇을 배울 수 있는지를 다음과 같이 설명하고 있습니다.

신화는 무엇이 당신을 행복하게 할지 말해 주지 않는다. 그러나 당신이 행복을 추구할 때 어떤 일이 일어나는지, 그리고 어떤 장애에 부딪힐지를 말한다. 신화는 몽상이 아니다. 신화는 궁극적인 진리보다 한발 앞서 있다고 자주 말하는데, 제대로 맞는 표현인 것 같다. 신화는 정신을 그 외축의 바깥에 존재하는 것으로 알 수는 있지만 말할 수 없는 세계로 던져 버리는 것이다. 그렇기 때문에 신화는 우리가 생각하는 교과서적인 진리보다 한발 앞선 진리인 것이다.

알고는 있지만 말로는 할 수 없는 세계에 우리를 데려가 주는 것이 신화적인 이야기가 지니고 있는 힘이라는 뜻입니다. 캠벨은 영웅 전설을 인용하면서 이렇게 묻고 있습니다.

신화적인 것을 생각하면, 당신이 통곡의 벽 앞에서 피할 수 없는 비통함이나 곤란함과 타협하는 삶으로부터 구원해 줄 것이다. 당신의 인생에서 비운다든가 덜어 낼 거라고 생각하는 시기들 중에 플러스의 가치로 인정할 만한 것들이 있음을 신화로부터 배운다. 가장 큰 문제는, 당신이 이러한 자신의 모험을 마음에서부터 예스라고 말할 수 있는지 없는지의 여부이다.

제2장은 친숙한 것에 대한 생각을 바꿔서^{분리·여행}, 패배를 올바르게 전환하여 세상 속의 불가항력을 뛰어넘으면^{통과의례}, 본래의 자기 자신으로 돌아올 수 있다^{귀환}는 모험을 위한 안내라고 할 수 있겠습니다.

어떤 대상을 몇 개의 마디로 나누는 분절화를 입구로 해서 상상력의 산이나 협곡을 지그재그로 통과해 나아가다 보면 이야기의 풍경이 빠져나가는 곳에서 출구가 나타날 것입니다. 원래 있던 장소인데도 뭔가 풍경이 바뀌어 간다면 편집력이 기세 좋게 움직이기 시작했다는 증거일 것입니다.

제**3**장

재능을 열어 주는
편집사고의 10가지 방법

생각 습관을 깨닫게 하는
주의력과 필터

우리가 뭔가를 생각하거나 느낄 때는 주의력이 먼저 움직입니다. 대상에 주의하지 않으면 사고나 감정은 시작되지 않는다는 뜻입니다. 지금 당신이 머물고 있는 곳에 혹시 빨간 것들이 있습니까? 쭉 둘러보기 바랍니다. 그러면 방금 전까지 풍경에 녹아들어 있던 것들이 갑자기 확 눈에 띄게 보입니다. 이렇게 빨강에 의식을 집중하는 순간 빨간 것들이 눈에 쏙 들어오기 마련입니다.

일상 속에서도 가령 이사를 생각하기 시작하면 부동산중개소가 맨 먼저 눈에 들어오고, 음악회에 초대를 받으면 오케스트라 연주와 음악에 더 많이 귀를 기울이게 됩니다. 어떤 특정한 것을 의식하면 관련 정보가 자연스럽게 먼저 눈에 들어오는 현

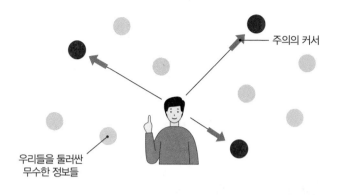

주의의 커서

우리들을 둘러싼
무수한 정보들

방법 ① 주의력과 필터

상을 '컬러 배스 효과color bath effect'라고 합니다. 컬러 배스 효과
를 직역하면 '색으로 목욕을 한다'는 뜻으로, 한 가지 색에 집중
하면 그 색을 가진 사물들이 먼저 눈에 들어오는 현상을 말합니
다. 인간은 완벽한 몰입의 상태가 되면 보고 싶은 것만 보고, 듣
고 싶은 것만 들리는 습성을 갖고 있다는 의미이기도 합니다.
이것은 우리의 주의력이 일상 속에서 얼마나 무의식적으로 선
택하고 있는지를 말해 주는 현상입니다.

우리의 머리는 생각하는 바에 따라 주의력을 발휘하는 게 아
니라 주의력이 먼저 발동하고 나서 의식이나 인지나 사고가 작
동합니다. 편집공학에서는 이 주의력이 가리키는 끝을 '주의의
커서cursor'라고 부릅니다. 커서란 컴퓨터에서 어떤 문자를 수정
하거나 입력시킬 위치를 표시할 때 사용하는 기호를 말합니다.

주의의 커서는 어떻게 대량의 정보들을 나누어 받을까요? 답은, 좋아하는 것이나 견해 같은 필터를 통해 우리가 정보를 취사선택한다는 것입니다. 이제 주의의 커서와 필터를 자각적으로 움직여서 정보를 수집하는 감각을 길러 보겠습니다.

연습 **좋아하는 것·필요 없는 것**

당신의 방에 있는 물건들 중에서 좋아하는 것과 필요 없는 것을 생각나는 대로 떠올려 보십시오. 먼저 당신의 방을 머릿속에 그려 봅니다. 지금 그 방에 있더라도 가만히 눈을 감고 하나하나 떠올려 봅니다. 제한시간 5분

▶ 방에 있는 물건은 당연히 해당되지만 창틀이나 벽 같은 구조물을 포함해서 방 자체의 특징이라도 좋습니다. 분위기, 냄새, 잔상 등 눈에 보이지 않는 것에도 주의를 기울여 보십시오.

▶ 좋아하는 것에 대한 필터와 필요 없는 것에 대한 필터를 동시에 들이대면서 될 수 있는 한 많이 떠올려 보세요.

W O R K S H E E T

주의력과 필터

▌ 좋아하는 것

▌ 필요 없는 것

해설 **필터란 무엇인가?**

방 안에 있는 것들을 얼마만큼 떠올렸습니까? 기억 속에서 정보를 수집하는 동안 머릿속에서는 무슨 일이 일어났습니까? 그 움직임을 추적하는 일도 편집력을 발전시키는 데 있어서 매우 훌륭한 트레이닝이 됩니다.

방 입구에서부터 순차적으로 떠올린 사람, 랜덤으로 여기저기 화살을 향한 사람, 위에서 조감하듯이 한눈에 바라본 사람 등 접근 방식이 여러 가지일 것입니다. 평상시에 의식하지 않던 사고 습관이 이런 곳에서도 나타납니다.

나타나는 영상을 보고 있노라니 문득 서랍이나 옷장에 넣어 두었던 물건들에도 주의력의 화살이 향하지 않았나요? 창문으로 들어오는 햇살, 소리, 냄새, 추억이나 시간의 흐름이라는 형태가 없는 정보들도 당신의 방에 존재하고 있는 것들입니다. 시각만이 아닌 오감으로부터의 정보들을 자유자재로 의식했다면 아주 훌륭하게 숙제를 하고 있다는 뜻입니다.

친숙한 장소의 풍경을 떠올리는 것뿐인데 꽤나 피곤한 작업이라고 생각하는 사람도 있을 것입니다. 자신의 사고를 자각하는 일은 그만큼 에너지를 필요로 합니다. 그리고 우리가 평상시에 얼마나 자각하지 않은 채 정보를 받아들여 왔는지도 깨달았을 것입니다.

좋아하는 것과 필요 없는 것에 대한 필터를 교체하고 나니 라

디오의 주파수를 바꾸듯이 머릿속으로 들어오는 정보들이 바뀐다는 것을 체험할 수 있었습니까? 필요 없는 것이라는 말 한 마디에 어느 관점에서 필요 없는 것인지, 그 필터의 선택 또한 강요된 것은 아니었습니까?

어떤 필터도 없다면 정보를 골라서 얻어 낼 수가 없습니다. 필터 자체에는 선악을 구별하는 능력은 없이 정보 선택을 담당하는 하나의 인지 기능만 있습니다. 주의력과 필터는 세상을 어떻게 볼지, 그 사람의 견해를 하나의 형태로 만들어 주기도 합니다.

얼마나 필터를 자유롭게 다룰 수 있는가 하는 문제는 정보 수집에 있어 중요한 포인트입니다. 발상력이 풍부한 사람은 이 필터의 교체에 능하다고 볼 수 있습니다. 그들은 주의력과 필터를 자각적으로 다룰 수 있기 때문에 생각의 질을 높은 수준에서 유지할 수 있습니다.

나누면 알고, 알면 바뀐다

제2장에서는 어질러진 방을 정리하는 이야기를 했습니다. 어디서부터 손을 써야 할지, 판에 박힌 정보들에 쐐기를 박고 시선과 관점을 바꾸면 사물이 어떻게 움직이기 시작하는지도 함께 생각해 보았습니다. 여기에 더해 복잡한 정보의 바다에 마침표를 찍는 것이 편집의 출발점이라는 말도 덧붙였습니다.

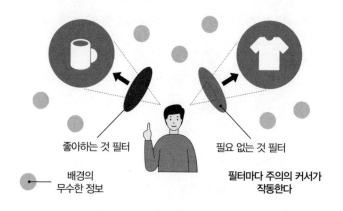

좋아하는 것 필터 　　　　　　필요 없는 것 필터

배경의　　　　　　　　　　　　**필터마다 주의의 커서가**
무수한 정보　　　　　　　　　　　**작동한다**

방법 ① 주의력과 필터

　그렇다면 어디에 마침표를 찍으면 좋을까요? 이 물음에 답
하려면 주의력이나 필터가 필요합니다. 그리고 인간이 원래 갖
추고 있는 능력인 분절화하는 힘도 주의력의 커서를 통해 이끌
어 내게 됩니다. 그리고 분절화를 보다 임팩트 있는 방향으로
이끌며 새로운 가치를 창조하려면 피상적인 주의력만으로는
부족한데, 바로 여기가 편집력의 승부처입니다.

　정보의 차이나 이질감을 눈치채고 무수히 많은 정보의 돌기
들 중에 따를 만한 것을 필터를 이용해서 유니크한 단락을 선택
합니다. 이때 그동안 갈고닦은 주의력이 창조적인 편집력을 이
끌어 내는 방아쇠가 될 수 있습니다. 그러면 자기의 생각 습관
이 되어 버린 주의력과 필터는 혼돈의 세계를 헤쳐 나갈 무기가
됩니다.

연상 네트워크를
활용하라

주의력과 필터로 정보를 골라내면 그 정보의 활용 가능성을 넓힐 수 있습니다. 편집은 연상과 요약이 교차됨으로써 진행되는데, 발상을 자유롭게 해나가기 위해서는 먼저 연상에 강해져야 합니다.

기억할 점은, 정보에는 반드시 '주변'이 있다는 것입니다. 모든 정보는 어떤 문맥에서든 나타나며 다른 정보들과 연관되어 존재합니다. 마쓰오카 세이고는 '정보는 혼자서 존재할 수 없다'고 말했습니다. 그렇다는 것은, 정보의 다면성을 깨닫는 것이 편집의 가능성을 넓히는 첫걸음이라는 것입니다. 그러니 언제든 자유롭게 그 첫걸음을 내디딜 수 있도록 주변에서 접하는 정보를 빠르게 파악하는 습관을 갖기를 바랍니다.

이미지 서클

방법② 연상 네트워크

  편집공학에서는 주변에 있는 정보군을 '이미지 서클' 또는 '연상 네트워크'라고 부르면서 매우 중시합니다. 이것은 서치라이트가 주변을 밝히듯 어느 이미지의 주변 전체를 자세히 살펴보는 것입니다.

  말에 있어서의 연상 네트워크를 '시소러스^{thesaurus}'라 부릅니다. '개념별 분류 어휘집'이라는 뜻을 가진 시소러스는 어구를 의미에 따라 분류 배열한 다음 각 어구에 대해 동의어, 유의어, 상위어, 하위어, 반의어, 대의어 등을 기술한 사전을 말합니다. 시소러스의 범위를 넓히거나 이미지 서클을 의식하면 견해가 고정화되지 않고 다양한 각도로 정보를 취급할 수 있게 됩니다. 그런 습관을 갖는 것만으로도 편집력은 비약적으로 발전합니다.

여기서는 방법①의 주의력과 필터 **연습** 에서 행했던 '당신의 방에서 좋아하는 것들'을 출발점으로 하여 연상 네트워크를 자유자재로 넓혀 갈 수 있는 감각을 기르게 됩니다. '짧은 시간에 최대한 빠르게'가 포인트입니다.

연습 연상 네트워크 – 마음에 드는 연상계열

'당신의 방에서 좋아하는 것들' 중에서 가장 마음에 드는 것을 하나 골라 거기서부터 연상되는 것들을 될 수 있는 한 많이 떠올려 보십시오. 제한시간 3분

> ▶ 고른 정보로부터 연상되는 것들을 자유롭게 넓혀 갑니다. 서치라이트의 포커스 안에 들어온 정보들 주변에서 연상되는 이미지들을 최대한 모아 봅니다.
>
> ▶ 연상은 내버려 두면 알아서 원래 정보로부터 멀어져 가지만 여기에서는 어디까지나 선택한 정보로부터 직접 연상되는 것만을 차례대로 골라내시길 바랍니다.
>
> ▶ 연상된 정보는 반드시 당신의 방 안에 있는 게 아니어도 상관없습니다.

W O R K S H E E T

연상 네트워크

🚩 당신의 방에서 가장 마음에 드는 것

🚩 선택된 것에서 연상되는 것을 될 수 있는 한 많이 써보십시오.(최소한 5개)

연상 네트워크란 무엇인가?

우선 방법①의 연습 에서 당신의 방에서 좋아하는 것들을 골라내는 지점에 좋아하는 것에 대한 필터가 끼워졌습니다. 거기서 가장 마음에 드는 것을 골라내는 사이에 다시 한 번 필터를 사용하게 됩니다.

우리는 서치라이트의 포커스를 풀었다 조였다 하듯이 특정한 정보에 초점을 맞추거나 범위를 최대한 넓혀서 생각해 보는 행위를 반복하게 됩니다.

여기서 한 번에 연상 네트워크를 넓혀 나가는 방법을 소개하겠습니다. 지금 눈앞에 도자기 장인이 만든 머그컵이 있습니다. 여기서부터 연상을 넓혀 간다면 구입 장소, 머그컵 안에 들어 있는 음료수, 장인이 만든 다른 작품, 또는 그 컵으로 함께 커피를 마셨던 사람과의 추억을 떠올릴 수 있습니다. 그것들에 주의력을 향하며 하나하나 단어로 표현하는 연습을 합니다.

이처럼 하나의 정보에는 여러 가지 단면들이 있습니다. 그 단면들을 의도적으로 변화시켜 나감으로써 여러 각도로 정보를 바라볼 수 있어야 합니다. 이제 그렇게 하기 위한 방법 하나를 소개할까 합니다.

방법은 '조사助詞를 바꿔 본다'입니다. '머그컵이……', '머그컵의……', '머그컵을……' 같은 형태로 정보에 붙는 조사를 바꿔 보면 그다음에 따라오는 정보의 모습이 바뀌는 것을 알 수 있습니다. 조사가 자석처럼 다음에 따라오는 정보를 불러들이게 되기 때문입니다. 이렇게 조사에 따라 뒤따르는 정보의 성질을 이용함으로써 다양한 연상 정보를 더 많이 모아 갈 수 있습니다.

시점時點의 변경도 꽤 유효한데, 이것 말고 다른 측면으로도 꼭 시험해 보기 바랍니다. 스크린이 바뀌듯 떠오르는 것들의 변화를 즐긴다면 사고가 유연해졌다는 증거입니다.

비교하고, 끼워 맞추고, 비틀어 본다

이노베이션은 0에서 1을 낳는 게 아닙니다. 대부분의 경우, 이노베이션은 기존의 지식이나 철학의 조합으로부터 이끌어 낼 수 있습니다. 이노베이션은 한 마디로 말해서 다른 정보들에 대각선을 긋는 행위를 반복하다 보면 새로운 것을 낳게 된다는 것으로 정의할 수 있습니다.

정보와 정보 사이의 연계성을 발견하기 위해서는 각 정보의 의미를 풍부하게 파악해야 합니다. 이노베이션에 능숙해지려면 '관계 발견 체질'이 되어야 하는데 그를 위해서는 우선 '연상 체질'이 되어야 합니다. 정보 주변에 잠재하고 있는 연상 네트워크나 시소러스를 언제든 꺼낼 수 있는 상태로 만들어 놓으면 사물의 관련성을 발견하기가 쉬워집니다.

처음부터 완벽한 설계도를 바탕으로 정보를 완성하겠다고

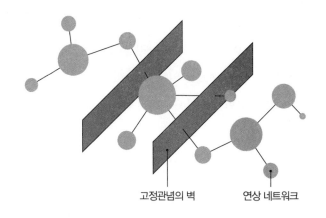

고정관념의 벽   연상 네트워크

방법 ② 연상 네트워크

목표 삼을 필요는 없습니다. 오히려 편집의 가능성은 우연이나 상상 속에 숨어 있습니다. 지금 갖고 있는 것들을 이리저리 조합하여 새로운 방안을 찾음으로써 상황을 벗어나는 방법을 '브리콜라주Bricolage'라고 하는데, 이를 통해 다양한 움직임이나 의미, 그리고 가치를 만들어 냅니다.

브리콜라주는 손에 닿는 어떠한 재료들이라도 가장 값지게 창조적이고 재치 있게 활용하는 기술이라는 뜻으로, 자유자재로 연상을 해나가는 것은 브리콜라주의 폭을 넓히는 것이기도 합니다.

일찍이 로제 카이와가 말한 '대각선의 과학'은 미리 분류되어 고정된 세상의 정보들을 완전히 새로운 시각으로 다시 파악하는 방법입니다. 자유로운 생각을 방해하는 고정관념과 이질적인 관점을 가져와서 여러 차례 대각선을 바꿔 그음으로써 이제껏 생각하지 못한 동요를 일으킬 수 있는데, 그를 위해서는 우선 항상 많은 단면들을 염두에 두고 있어야 합니다.

시각을 바꾸면
보이는 것들

방법 ②에서는 연상을 통해 정보의 가능성을 넓히는 방법을 알아봤습니다. 이런 연상의 습관을 보다 확실히 잡아내기 위해 정보가 어떤 구조이고, 무엇을 움직이면 연상도 움직이는지 그 기본적인 파악법을 살펴보겠습니다.

어떤 정보든 장소ground와 모습figure 으로 구분할 수 있습니다. 장소는 정보의 배경에 해당하고, 모습은 인식되는 정보의 무늬를 말합니다. 장소가 되는 정보의 위에 모습이 되는 정보가 올라섭니다. 이를 정보의 분모와 분자, 혹은 문맥과 의미라고 해도 좋습니다. 장소와 모습의 구분은 편집에서 가장 기본적인 기법이니 꼭 기억하기 바랍니다.

우선 정보를 장소와 모습으로 나눠서 인식해야 하는데, 그것

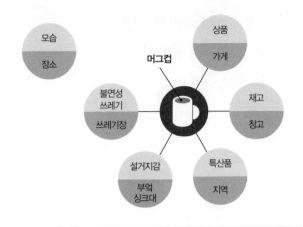

방법③ 정보의 장소와 모습

만으로도 언뜻 복잡한 정보세계를 인식하는 데 큰 도움이 됩니다. 그다음에 장소를 움직임으로써 모습의 양상이 확 바뀌는 것을 알 수 있습니다. 이것은 발상력이나 사물에 대한 견해의 유연성과 직접적으로 연관이 있습니다.

방법②에 등장했던 도자기 장인이 만든 머그컵도 무엇을 장소로 바라보느냐에 따라서 모습의 양상이 바뀝니다. 방에 있으면 커피를 마시는 컵이지만 가게에 있으면 상품, 창고에 있으면 재고, 장인이 살고 있는 지역에서는 특산품, 부엌의 싱크대에 있으면 설거지감이 될 수 있습니다.

앞에서 방법②를 설명하면서 하나의 정보에는 여러 가지 단면들이 있으니 그 단면들을 의도적으로 변화시켜 나감으로써 여러 각도로 정보를 바라보게 된다고 말했습니다. 이런 훈련만으로도 생각의 깊이와 넓이를 무한 확대해 나갈 수 있습니다.

여기에 의자가 하나 있습니다. 나무로 만든 평범한 의자입니다. 그러나 이 의자가 어디에 놓이고, 누구에 의해 쓰임을 받느냐에 따라 용도와 대우가 완전히 달라집니다. 고등학생의 공부방에 있다면 대학 진학을 위해 분투하는 학생의 의지를 뒷받침하는 용도로 쓰입니다. 어느 병원의 진료실에 있다면 질병의 고통에 시달리는 환자를 지탱하는 버팀목으로 존재하는 것입니다. 이렇듯 어디에 있느냐에 따라 용도와 존재 가치가 달라집니다.

연습 정보의 장소와 모습을 바꿔 말하기

다음 중 하나를 골라 다른 말로 바꿔 보십시오. 장소를 바꿔 가면서 될 수 있는 한 많이 말해 보십시오. 제한시간 3분

A. 회의   B. 결혼식   C. 육아

▶ '~에서', '~에 있어서의'에서 '~' 부분을 바꿔 말하면 장소가 바뀝니다.
▶ 장소나 사람, 입장이나 관계성을 채널을 바꾸는 것처럼 점점 교체해 가면 모습이 바뀌어 가는 이미지를 알기 쉽습니다.

W O R K S H E E T

정보의 장소와 모습

🚩 선택한 단어

🚩 선택한 것을 바꿔 말해 보십시오. 될 수 있는 한 많이 써보십시오.(최소한 5개)

평상시 당연하게 사용하는 말에도 다양한 측면이 있습니다. 예를 들면 회사에서의 회의가 있습니다. 팀에게 회의라면 정보 공유나 아이디어 제안의 자리일 수도 있지만, 경영자에게는 의사결정의 장이라는 측면이 있을 것입니다. 신입사원에게 회의는 능력을 시험 당하는 자리나 성장의 장이 되고, 재무팀 입장에는 경비를 삭감할 대상을 찾는 자리가 될 것입니다.

결혼식은 신랑신부에게 있어서는 새로운 출발을 기약하는 멋진 날인데 그 후 부부생활을 하다 보면 기념일이나 젊은 날의 추억이 됩니다. 부모에게는 떠나보내는, 참석자에게는 축하하는, 어린 여자아이에게는 예쁜 옷을 입는 날일 것입니다. 이렇게 결혼식을 둘러싼 풍경도 어디로 어떻게 시선을 보내느냐에 따라 꽤나 다양한 모습으로 변합니다.

이것을 다면적으로 보면 결혼식이란 무엇인가, 회의를 통해 무엇을 얻을 수 있는가, 육아를 통해 부모는 무엇을 얻는가 등 일상에서는 별로 의식하지 못한 다양한 관점이 생기게 됩니다.

그저 막연하게 바라보기만 해서는 좀처럼 장소의 의미가 바뀌지 않지만, 정보의 분모와 문맥에 해당하는 관점을 의도적으로 설정해서 살피면 이제까지 볼 수 없던 새로운 관점이 생기게 됩니다. 누군가는 육아는 자신을 성장시키는 것이라고 말합니다. 이것은 양육하는 것의 의미를 아이에게서 자기 자신으로 전환시켜서 얻은 견해로 꽤나 함축적인 의미를 담고 있다고 볼 수 있습니다.

점점 관점을 바꿔서 모습을 다방면으로 보는 과정에서 '아, 이런 견해도 있구나' 하는 발견을 해낼 수 있다면 이 연습은 대성공입니다. 그런 감각을 일상 속에서 꼭 만나 보기 바랍니다.

갈아타고, 바꿔 들고, 갈아입기

편집은 연상과 요약이 교대로 진행되는데, 연상을 해나갈 때 가장 기본적인 기법이 바로 관점의 전환입니다. 하나의 물체, 하나의 현상에 대해 관점을 자꾸 바꿔 봄으로써 새로운 모습이 나타나기 때문입니다. 그리고 요약은 이렇게 나타난 모습을 최대한 좁혀 나가는 것입니다.

편집은 이 양축으로 진행되는데, 발상을 자유롭게 하기 위해서는 우선 연상에 강해져야 합니다. 연상이란 머릿속의 프레임이나 스키마를 건너는 상태를 말합니다. 앞에서 '~에서', '~에 있어서의'를 계속 바꿔 나감으로써 관점이 바뀐다고 했는데, 이는 달리 말하자면 '프레임 넘나들기'에 해당합니다.

프레임이나 스키마는 사물을 인식하는 데 있어 중요한 틀의 역할을 하는데, 그것들이 움직이지 않게 되면 사물에 대한 생각이나 관점이 고정화되어 머리가 굳어지는 상태에 빠지게 됩니

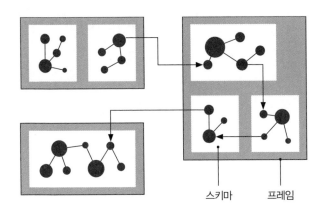

스키마   프레임

방법 ③ 정보의 장소와 모습

다. 따라서 머리를 유연하게 유지하기 위해서라도 프레임이나 스키마를 자유자재로 움직이는 상태로 만들기 바랍니다.

'정보의 갈아타기, 고쳐 들기, 갈아입기'는 프레임이나 스키마의 갈아타기, 고쳐 들기, 갈아입기를 의도적으로 일으키는 상태이기도 합니다. 여기서는 구체적인 방법으로, 정보의 장소와 모습을 파악해서 움직여 나가는 기법을 체험해 보았습니다. 마빈 민스키는 프레임으로 사고를 넘나들기 위해서는 아날로지가 활발히 움직여야 한다고 말했습니다. 장소와 모습에 대한 판단력이 아날로지와 크게 관계가 있음을 다음 방법에서 살펴보겠습니다.

유추적 커뮤니케이션의
장점

'유추類推, analogical'는 유비類比의 다른 말로, 두 개의 사물이 공통적으로 몇몇 성질이나 관계를 갖고 있을 때 한쪽의 사물이 어떤 성질이나 관계를 가질 경우에 다른 사물도 그와 똑같은 성질이나 관계를 가질 거라고 추리하는 것을 말합니다.

무엇이 무엇과 비슷하다고 보는 것만으로도 편집력은 크게 움직입니다. 단순히 겉으로 보이는 외견만 비슷한 게 아니라 구조나 관계의 유의성有意性에도 착안하여 유추를 펼쳐 나가는 사고가 바로 아날로지입니다.

결국 아날로지란 무엇과 다른 무엇 사이에서 '관계발견력'을 작동시키는 것입니다. 그러기 위해서는 언뜻 관계없어 보이는 것들 사이의 연관성을 유연하게 잇기 위해 정보를 다면적으로 바라볼 필요가 있습니다.

정보를 다면적으로 보기 위해서는 연상 체질이 되어야 하는데, 이로써 정보의 관점과 모습을 파악하고 관점을 변화시킴으로써 모습의 범위를 넓혀 나갈 힘을 갖게 됩니다. 될 수 있는 한 많은 관점으로 사물을 바라봄으로써 지금까지 알아차리지 못했던 조합이나 연결이 발견되고 새로운 견해가 넓어지게 됩니다. 간단히 말해서, 한두 가지 단면으로만 보고 판단하지 말고, 다방면으로 바라보고 파악을 해서 전혀 새로운 견해를 가져 보라는 것입니다.

유추적 사고가 강해지면 커뮤니케이션의 질도 크게 향상됩니다. 뭔가를 설명할 때 여러 측면에서 상상력의 범위를 넓혀 말을 하거나 상대로 하여금 호기심을 촉발시켜 이야기에 빠져들게 할 수 있습니다.

사람은 의사소통을 할 때 정확하고 완전한 정의를 따르기보다 이러한 유추를 이용해서 대략적인 이미지를 교환하는 경우가 많습니다. 예를 들어, 미지의 것을 말할 때 기존의 지식을 예를 들면서 설명하거나 이해하는 것입니다. 여기서는 '예를 들어 말하는 대화력'을 단련시키면서 커뮤니케이션에서 아날로지가 갖는 힘을 실감해 보겠습니다.

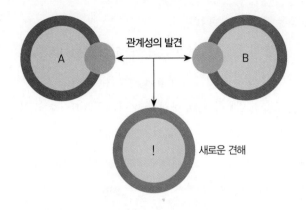

관계성의 발견

A   B

! 새로운 견해

방법 ④ 유추적 커뮤니케이션

연습 유추적 커뮤니케이션 활용하기

다섯 살 어린아이도 알아들을 수 있도록 '~ 같은 것'이라는 문장을 사용해서 다음을 설명해 보십시오.제한시간 5분.

A. 인스타그램   B. 시간 외 근무   C. 주식

▶ 다섯 살 아이가 '주식이 뭐예요?' 하고 물었다면 그냥 얼버무리지 않고 아이가 한 번에 이해할 수 있도록 대답할 수 있겠습니까?

▶ '정확하게 설명할수록 분명 본래 의미로부터 멀어질 것입니다. 이럴 때는 '~ 같은 것'이라고 예를 들어 말하는 '이야기·아날로지'로 넘어가야 합니다. 그러려면 우선은 '이것이 다섯 살 아이가 알고 있는 것들 중에서 무엇과 비슷하지?' 하고 생각해 봐야 합니다.

WORKSHEET

유추적 커뮤니케이션

🚩 **선택한 것**

🚩 **다섯 살 아이에게 할 설명**

해설 **유추적 커뮤니케이션에 대하여**

예를 들어 말하는 것이 탁월한 사람은 다른 사람들보다 커뮤니케이션에 뛰어난 능력을 발휘합니다. 학교에서 인기가 있는 선생님이나 회사에서 팀을 잘 이끌어 나가는 팀장은 '예를 들어 말하기'가 훌륭한 사람들이 많습니다. 무엇을 무엇으로 비유하는 형식의 아날로지가 갖는 힘은 단순히 상대방의 이해를 돕는 것만이 아니라 마음을 움직이거나 호기심을 자극하거나, 경우에 따라서는 상대의 머리에 새로운 번뜩임을 일으키게 하는 등 여러 가지 여파를 일으킵니다.

이번의 **연습** 은 커뮤니케이션에서 아날로지의 힘을 발휘하고 직접 느끼고자 한 것이었습니다. 주식이 무엇이냐고 묻는 다섯 살 아이의 어휘력이나 세상을 바라보는 눈의 범위 안에서 비슷한 것을 찾아내고, 그 구조를 빌려 와서 설명에 끼워 맞춰 봅니다. 이때 무엇을 착안할지에 따라 설명하는 내용이 달라집니다. 예를 들어 인스타그램이라면 '앨범 같은 것'이라든가 '일기 같은 것'이라고 기능적인 측면에서 설명할 수도 있고, '자기가 좋아하는 것을 친구들에게 보여 주고 칭찬을 받으면 기쁘겠지? 바로 그거야!'라고 설명할 수도 있습니다.

'시간 외 근무'는 회사 쪽의 관점인지, 아니면 직원 쪽의 관점인지에 따라 입장의 차이에서 다른 설명을 할 수도 있고 '주식'이라면 기업에 어떤 의미가 있는지를 설명할 수도 있고, 투자자

입장을 말해 줄 수도 있습니다. 여기서도 자신의 관점을 정리하는 필터가 왕성하게 움직이게 됩니다.

그런데 정보가 A→B→C 순으로 점점 복잡해진다는 사실을 알아차렸습니까? 가령 시간 외 근무는 누군가를 위한 일이냐 하는 관계성이 포함됩니다. 주식에서는 시장 원리 같은 복잡한 것을 어떻게 설명해야 할지도 문제입니다. 이럴 때 겉으로 보이는 유사성에서 몇 발짝 더 앞으로 가서 복잡한 구조까지 표현할 수 있는 것이 아날로지의 힘입니다.

비슷한 것 찾기, 부드러운 전략 사고, 유추적 사고

아날로지가 한창 일어날 때 다음과 같은 스텝을 밟고 있다는 사실을 실감할 수 있었습니까?

1. 무엇과 무엇을 비슷하다고 생각한다.

2. (비슷한 것으로부터 구조를) 빌려 온다.

3. (빌려 온 구조에) 끼워 맞춘다.

그렇습니다. 비슷한 것으로부터 빌려 와서 끼워 맞추는 것입니다. '이것은 무엇과 비슷한가?'라고 생각하는 단계에서부터 연상이 바쁘게 움직입니다. 인스타그램이나 시간 외 근무, 또는

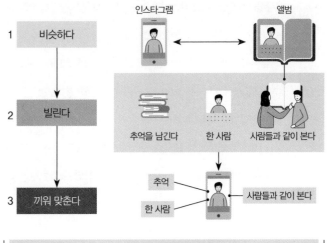

1	비슷하다
2	빌린다
3	끼워 맞춘다

방법 ④ 유추적 사고

주식을 여러 가지로 바꿔서 말해 보거나 주변에 연상 네트워크를 쳐보는 등 이것저것 고심하면서 '무엇을 가지고 무엇으로 판단하는가?'라는 물음에 답을 하다 보면 분명히 몇 번이나 시행착오를 하게 될 것입니다. 여기엔 자기 자신의 견해가 반드시 끼여 있기 때문입니다.

하지만 자기 안에 존재하는 다섯 살 아이의 감각과 인스타그램이나 시간 외 근무, 또는 주식에 대한 이해나 이미지를 교차시키면서 '무엇을 가지고 무엇으로 판단하는가?'의 톱니바퀴를 움직이다 보면 마침내 유추적인 발상은 작동하기 시작할 것입니다.

로제 카이와는 인간에게는 비슷한 것을 찾는 본능이 있다고 말했습니다. '이것과 이것은 뭔가 닮은 느낌이다', '이것은 내가 책에서 본 무엇과 비슷하다' 등등 유사성이나 상이성相異性을 발견했을 때 오는 두근거림이나 통쾌함이 유추적 사고의 원동력이 됩니다.

결국 생각의 범위를 최대한 넓혀서 세상을 바라보는 습관이 중요합니다. 기존의 지식에 붙잡혀 한 발짝도 움직이지 않는 고정관념은 이 연습을 계기로 과감히 버리시길 바랍니다.

인간에게는
분류하는 본능이 있다

인간에게는 자신의 생각이나 눈에 보이는 사물을 세밀하게 분류하는 본능이 있습니다. 슈퍼마켓에서는 상품이 분류되어 진열되고, 병원은 외과나 내과 같은 진료과로 나누어져 있으며, 기업은 부나 과로 나뉘어 조직을 구성하고 있습니다. 식물이나 동물의 종류, 학문의 장르, 도서관의 라벨도 마찬가지입니다.

우리는 심지어 인간이나 기업, 국가까지도 능력과 크기에 따라 분류하고 있습니다. 사람을 상류층, 중류층, 하류층으로 나누고 학교는 명문대학과 그렇지 않은 대학으로 구분하며 기업은 대기업이니 중소기업이니 해서 등급을 나누고 국가도 선진국이니 후진국이니 해서 제각기 다른 취급을 합니다.

얼마 전에 대기업 인사부장과 대화를 나눈 적이 있습니다. 그분이 말하기를 매년 수백 명의 신입사원이 입사하는데 불과 1년만 경과해도 그들의 능력을 A, B, C등급으로 파악해서 장래를 예측하며 업무를 맡긴다고 합니다. 이렇게 한번 분류가 되면 지우기 힘든 낙인처럼 새겨지게 된다는 사실이 무섭기만 합니다. 그럼에도 사람들이 분류하는 습성에 길들여진 이유가 뭘까요?

당연한 말이지만, 분류된 라벨을 더 세밀하게 나누지 않으면 대량의 정보를 파악할 수 없습니다. 그리고 그 라벨들이 유통됨에 따라 사회는 제 기능을 하고 있습니다. 여기서 우리가 평소 공기처럼 받아들이고 있는 '나누어진 세상'을 새로운 단면과 분류 방식을 가지고 다시 들여다보면 어떨까요? 지금까지 보지 못했던 이해나 통찰을 얻을 수 있을 것입니다.

예를 들어 슈퍼마켓에는 각각 다른 진열대에 놓여 있는 속옷과 칫솔이 편의점에서는 바로 옆자리에 놓여 있습니다. 속옷과 칫솔이 '숙박용품'으로 분류되기 때문입니다. 편의점에서는 서로 다른 진열대에 놓인 불꽃놀이 세트와 샌들이 생활용품 가게에서는 나란히 놓여 팔리고 있습니다. 거기서는 '바닷가 용품'이기 때문입니다. 이런 식으로 사용 방법에 따른 분류 방법이 어떤 상품의 본래 가치나 의미를 완전히 변하게 합니다.

이렇게 새로운 분류 방식을 가져옴으로써 별것 아닌 정보가 어떤 메시지를 지니기 시작합니다. 그럼 이제부터 익숙한 풍경에서 새로운 관점을 갖는 연습을 해보겠습니다.

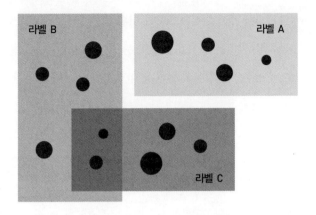

방법⑤ 새로운 분류 방식의 도입

연습 새로운 의미를 부여하는 분류 놀이

앞에서 '방에 있는 좋아하는 것들·필요 없는 것들'에 대해 생각해 보았는데, 여기서는 그것들을 전부 뒤섞은 다음에 다시 3~5개의 그룹으로 분류해 보십시오. 그런 다음 전혀 다른 장르의 분류 방식으로 다시 나눠 보십시오. 제한시간 10분

> ▶ 어떤 기존 지식의 카테고리를 새로운 분류 방식으로 나눠 보십시오. 또는 각 정보 사이의 유사점과 상이점을 찾으면서 큰 집단으로 나누고 새로운 분류 방식을 찾아보기 바랍니다. 이 두 가지를 왔다 갔다 하면서 될수 있는 한 재미있고 의외라고 할 만한 단면을 발견해 보십시오. 단, 이것은 놀이라는 생각을 결코 잊어서는 안 됩니다.

W O R K S H E E T

새로운 분류 방식의 도입

🔖 **가져온 분류 축**(무엇으로 분류하나?)

🔖 **분류**
3~5개 정도의 그룹으로 나누어 보십시오.

분류 축에 대하여

방 안에서 '좋아하는 것들'과 '필요 없는 것들'을 자세히 살펴보고 분명하지 않아도 좋으니 어떤 정보의 동기나 눈에 확 들어오는 관련성이 보인다면 거기서 새롭게 분류하는 가설을 세워 봅시다.

'넣어 둘 장소'나 '사용할 곳' 등 일반적인 분류에서 벗어난 재미있는 단면이 보이나요? 예를 들어 어떤 영화의 캐릭터로 나누면 어떨까요? 제대로 끼워 맞춰지지 않거나 뭔가 남았다면 다시 새로운 가설을 세워 봅니다. 이 시행착오의 과정을 통해 정보 조합에 변화가 일어나고 사물에 대한 생각이 새로 생깁니다. 놀이를 한다는 마음으로 새로운 분류에 도전하는 과정에서 알아차리지 못했던 공통점이 보이거나 자신이 좋아하는 게 무엇인지를 알아내는 새로운 발견들이 있기도 할 것입니다.

딱 맞게 들어간 분류는 여러 메시지들을 떠오르게 합니다. 이것은 편집공학연구소의 중요한 편집 과정의 하나로, 우리가 정보의 분류에 힘을 쏟는 이유입니다. '당신의 방에 있는 좋아하는 것들, 필요 없는 것들'이라는, 지극히 평범한 일상 속에 스며들어 있는 것들을 새로운 분류법을 통해 조금이라도 다른 시각으로 보게 된다면 이 연습 과정은 백점짜리 결과를 가져올 것입니다. 익숙한 정보의 특이성을 알아차리고, 딱 맞는 가설을 가져오는 감각을 다양한 작업이나 상황에 응용해 보기 바랍니다.

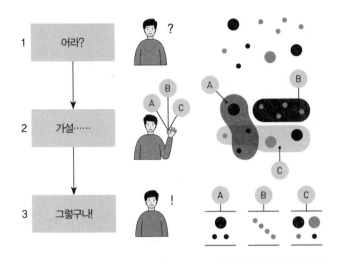

짐작은 막힘을 돌파시킬 어브덕션

'짐작'이란 무엇을 어림잡아 헤아리는 행위를 말합니다. 어떤 정보에 짐작을 더해서 딱 맞는 틀이 발견되었을 때는 어브덕션의 과정을 반드시 통과하게 됩니다. 찰스 퍼스가 만든 어브덕션의 공식을 기억하고 있습니까? 다음과 같습니다.

1. 놀랄 만한 사실 C가 관찰된다.

2. 그런데 설명 가설 H가 진실이라면 C는 당연히 진실일 것이다.

3. 따라서 H를 진실이라고 볼 이유가 있다.

이 공식을 연습 의 분류 편집에 끼워 맞추면 이런 느낌입니다.

1. '어?'라고 생각한다(정보군의 어떤 특징을 알아차린다).

2. 설명 가설 H를 불러온 분류법에 끼워 맞추니 그 특징이 제대로 맞는다.

3. 그렇구나, H로 나누어 보니 이런 식의 방법도 있구나!

이것이 바로 찰스 퍼스가 말한 '탐구의 논리학'으로, 이 마지막 발견에 이르게 되면 가설 추론적으로 나타나던 것이 비로소 제 모습을 드러내게 됩니다.

다양한 조합을 통해
의미를 만든다

지금까지 눈앞의 정보를 다양한 형태로 분류하는 감각을 배웠습니다. 3개로 나눌지, 4개나 5개로 나눌지 분류 방식에 따라확연한 변화가 일어납니다. 여기서는 3개의 그릇에 정보를 담는 과정을 통해 하나의 이야기 형태를 각기 다르게 이끌어 내는 과정을 살펴보겠습니다.

무엇인가를 간결하게 전하고 싶을 때는 3가지 포인트를 정해서 반드시 말해야 할 것에만 집중함으로써 논점이 확실히 정리되는 경우가 있습니다. 이때는 말하고 싶은 것이 몇 가지 더있더라도 일단은 3가지로 좁히는 것이 좋습니다.

우리는 무엇인가를 대표로 내세우거나 눈에 띄는 특징을 모아서 드러낼 때 '3'이라는 숫자를 자주 사용합니다. 3대 여행지,

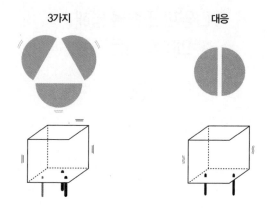

3가지   대응

방법 ⑥ 3가지 사고의 형태

3대 가문, 3가지 보물 등 세 가지로 표현되는 것들을 예로 들면 끝이 없습니다.

반면에 개념은 대개 반대어로 구성하면 그 뜻이 더 분명해 지는 경우가 많습니다. 선과 악, 명과 암, 천과 지, 백과 흑, 음과 양, 앞과 뒤가 그것입니다. 여기서도 보듯이 어떤 말의 반대에 하나의 정보를 더하면 갑자기 이미지가 바뀌기 시작합니다. 플러스 1이 새로운 관점을 만들어 내는 것입니다.

인간이 '3가지 세트'를 좋아하는 것은 '3'이라는 숫자가 가진 확장성과 안정성 때문이라고 볼 수 있습니다. 여기서 '3가지 사고'의 형태를 사용해서 미처 생각지 않은 아이디어가 솟는 감촉이 길러질 수 있습니다.

연습 **3가지 사고의 형태**(3가지 세트로 자기소개)

이 장의 첫 번째 **연습** 에서 떠올렸던 '방에 있는 좋아하는 것들·필요 없는 것들'을 사용해서 자기소개를 해보십시오. '3가지 사고의 형태'를 사용해서 조합시키고, 거기에 새로움이 드러나도록 제목을 붙입니다. 어딘가에 새로운 연상을 넣어도 좋습니다.

〈3가지 사고의 형태〉

- 삼위일체三位一体 → 3가지로 하나를 갖춘다(같은 힘으로 서로를 이끄는 3가지).

- 삼간연결三間連結 → 첫발 뛰기·스텝·점프(순서가 있는 3가지).

- 이점분기二点分岐 → 딱 잘라 나눈다(하나에서 둘로 나눈다).

- 일종합성一種合成 → 조합시킴으로써 생겨난다(둘을 하나로).

W O R K S H E E T

3가지 사고의 형태

🔖 **삼위일체** Title ▯▯▯▯▯▯▯▯▯▯▯▯▯▯

🔖 **삼간연결** Title ▯▯▯▯▯▯▯▯▯▯▯▯▯▯

🔖 **이점분기** Title ▯▯▯▯▯▯▯▯▯▯▯▯▯▯

🔖 **일종합성** Title ▯▯▯▯▯▯▯▯▯▯▯▯▯▯

해설 **3가지 사고의 형태에 대하여**

여기서는 '3가지 세트'라는 포맷을 이용해서 생각지도 못하고 알지도 못하는 사이에 튀어나오는 사고를 체험하고 있습니다. 같은 3가지 세트라도 조합법에 따라 표현이 꽤 많이 바뀝니다. 자신의 방에 있는 '좋아하는 것들, 필요 없는 것들'을 사용해서 자기소개를 해보라고 해도 거기에 아무 형태가 없다면 어디부터 손을 써야 할지, 무엇을 표현하면 좋을지 헤매게 됩니다.

그러나 숫자 3이 가지고 있는 힘을 활용한 '3가지 사고의 형태'에 끼워 넣음으로써 생각을 편집하는 단서를 잡을 수 있고, 새로운 견해도 이끌어 낼 수 있습니다. 게다가 거기에 제목을 붙임으로써 어떤 특징이나 메시지를 확실히 할 수 있습니다.

'3가지 사고의 형태'로 새로운 견해를 이끌어 내는 방법은 처음부터 머릿속으로 3가지로 좁힐 만한 정보를 완벽하게 찾으려고 하지 않는 것입니다. 우선 몇 가지 중에서 형태에 맞는 것을 골라내고 거기에 어떤 정보를 대신 놓게 되면 비어 있는 곳에 하나의 연상이 이끌리듯 튀어나옵니다.

문맥으로 이끄는 맛을 더하는 어포던스

이미지나 아이디어는 아무것도 없는 곳에서 갑자기 툭 튀어나오지 않고 무의식 사이에 존재하다가 뭔가에 의해 갑자기 이끌

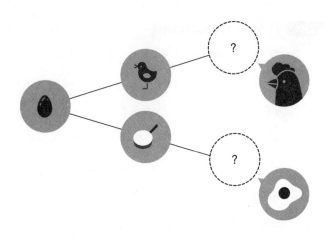

려 나옵니다.

　3가지 세트를 만드는 과정에서 하나를 덮으면 남은 두 가지
가능성이 만들어지고, 또 하나를 덮으면 남은 하나로부터 이미
지가 이끌려 나온다……. 이렇게 이것저것 바꿔 보면서 딱 맞
는 이야기가 있는 3가지 세트가 만들어진다고 볼 수 있습니다.
그러한 형태와 상상의 상호작용으로 생각 이상의 창의성을 뛰
어넘는 아이디어가 생기는 것입니다.

　모든 것을 사고가 컨트롤하는 게 아니라 이렇게 형태에 의해
생겨 나오게 됩니다. 우리는 이러한 사고를 충분히 활용해야 하
는데, 이때 일에 대한 판단이나 결정을 위한 틀을 만들어 3가지
사고의 형태에 활용하면 좋습니다.

원형에서
가치를 찾아낸다

앞에서 '아키 타입'이란 장벽 뒤에 숨은 자신의 진짜 모습인 원형을 일컫는 말로, 문화나 민족이 공유하고 있는 이미지의 근본에 해당하는 것이라고 설명했습니다. 스위스의 심리학자이자 정신과의사인 칼 융-Carl Jung은 인간의 무의식 속에서 움직이는 인류의 보편적인 관념을 '아키 타입'이라고 말하면서 신화나 이야기나 의례, 또는 개인의 꿈이나 환상 속에서 나타나는 이미지나 상징의 원천으로 볼 수 있다고 했습니다.

여기서는 우리의 일상에 존재하는 원형을 찾고, 거기서부터 연상으로 새로운 가치를 발견하는 방법을 연습해 보겠습니다. 순서는 다음과 같습니다.

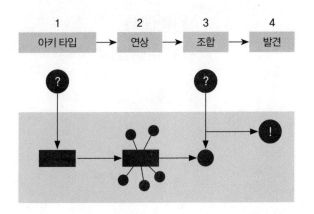

| 1 | 2 | 3 | 4 |
| 아키 타입 | 연상 | 조합 | 발견 |

방법⑦ 아키 타입 연상

1. 어떤 주제, 즉 테마Thema를 하나 놓고 그것의 아키 타입을 생각한다.

  → 애초에 그것은 무엇인가?(바탕에 있는 이미지를 찾는다)

2. 아키 타입으로 연상을 넓혀 간다.

  → 근본 이미지의 관점을 움직이면서 다면적으로 연상을 넓혀 간다.

3. 아키 타입의 연상과 테마를 조합시킨다.

  → 연상된 정보와 테마를 비교해서 아키 타입에는 있고 테마에는 없는 것을
    생각해 본다.

4. 테마에서 부족한 것이나 가능성을 발견한다.

  → 위에 열거한 1∼3의 조합에서 보이는 부족함이나 가능성을 미래를 향한
    제안으로 받아들인다.

뭔가를 더 좋게 만들고 싶다, 가능성을 찾고 싶다, 이럴 때는 대개 현시점에서 개선책을 생각하지만 여기에 '아키 타입'을 찾는 작업을 진행하면 본질로 향하는 사고가 강력하게 발동됩니다.

연습 **아키 타입 연상은 '애초부터'라는 사고**

'아키 타입 연상의 형태'를 사용해서 다음의 것들을 더 나은 것들로 만들어 보십시오.

A. 스마트폰   B. 취직활동   C. 편의점

▶ 아키 타입은 시간을 거슬러 올라가 기원을 찾아도 좋고 '~와 같은 것'이라는 원형성을 찾아도 좋습니다. 그때 어떤 단면에 주목하느냐에 따라 아키 타입은 달라집니다.

▶ 아키 타입을 떠올리고 거기서부터 연상을 넓혀 갑니다.

▶ 아키 타입에는 있고, 선택한 테마에는 없는 것이 있습니까?

▶ 아키 타입과 테마를 비교해서 '더 이러면 좋겠는데'라는 새로운 가능성이나 개선점을 발견해 봅시다.

W O R K S H E E T

아키 타입 연상

🔖 **선택한 것**

🔖 **아키 타입 연상**

스텝 1: 선택한 테마의 아키 타입을 생각한다.

스텝 2: 아키 타입으로부터 연상을 넓혀 간다.

스텝 3: 아키 타입의 연상과 테마를 조합한다.

스텝 4: 테마의 부족함이나 가능성을 발견한다.

해설 아키 타입 연상에 대하여

딱 어울릴 만한 아키 타입을 발견했습니까? 이 물음에 정답이나 오답은 없습니다. 단지 자기만의 이미지로 뭔가를 떠올렸는가 하는 것이 중요합니다.

아키 타입에서 답을 찾는 일은 그리 어렵지 않은데, 그 후의 연상과 조합의 단계에서 새로운 이미지가 나오기까지의 과정은 다소 복잡합니다. 그 때문에 하나의 연습이라도 잘 해낼 수 있다면 강력한 발상력을 이끌어 내는 데 도움이 될 것입니다.

실제로 어떤 사고의 과정이 될지 사례를 들면, '그거 말이야, 요컨대 뭐야?'라는 질문으로 계속 파고 들어가다 보면 퍼뜩 떠오르게 되는 이미지입니다.

▶스텝 1: 예를 들어 편의점의 아키 타입을 생각한다고 칩시다. 편의점도 일반 상점처럼 생필품은 대개 다 갖추고 있으므로 먼 곳까지 갈 필요 없이 쇼핑이 가능한 점에 주목하면 하나의 가게라고 볼 수 있습니다. 과자를 좋아하는 아이는 편의점을 과자를 파는 가게로 생각할지 모릅니다.

▶스텝 2: 이제 과자를 파는 가게로부터 연상을 넓혀 갑시다. 뽑기 과자, 주인아저씨, 방과 후, 초등학생, 친구들…….

▶스텝 3: 이 연상과 편의점을 다시 한 번 조합해 봅시다. '과자를 파는 가게에는 있고, 편의점에는 없는 것은 무엇일

까? 편의점에는 과자를 파는 가게처럼 주인아저씨가 없고, 편의점은 초등학생이 방과 후에 모이는 장소가 아니다.'

▶스텝 4: 아키 타입에서 돌아온 시점에서 다시 한 번 편의점의 새로운 가능성을 찾아봅시다. '과자가게처럼 초등학생이 방과 후에 친구들과 모일 수 있는 장소가 편의점이라면……. 편의점 아르바이트생이 주인아저씨 역할을 하는 건 어떨까?' 이런 물음에 답하다 보면 생각의 범위는 점점 넓어져 갑니다.

애초에 편의점이란 무엇인가? 어떻게 존재하기를 바라는가? 이렇게 본질을 묻는 방식으로 아키 타입의 연상을 연습하는 습관을 가져 보기 바랍니다. 그러면 꼬리를 물고 이어지는 질문과 답에서 점점 그동안 단편적으로만 생각했던 대상에 대해 전혀 다른 시각으로 바라보며 새로운 의미를 부여할 수 있을 것입니다.

이야기의 전제마다 '애초부터'라고 다시 묻는다

우리는 대개 일상 속으로 스며든 많은 것들을 '저것은 원래 그런 것들'이라며 형식적으로 이해하려고 합니다. 하나하나 본질을 묻는 관점을 가지려면 주변에 유통되는 대량의 정보를 다 처리할 수 없기 때문에 그냥 인정을 해버리고, 그러다 보면 현대의

방법 ⑦ 아키 타입 연상(애초부터라고 하는 사고)

라이프 스타일에는 그것은 그것대로 틀린 것 같지가 않습니다.

다만 그 흐름에 몸을 맡기면 창의성이라곤 하나도 없이 판에 박힌 듯한 생각으로 흐르는 스테레오 타입이 되어 그저 눈에 보이는 풍경을 액면 그대로 바라보게 됩니다. 배경에 있는 아키 타입에 대해 의문을 품지 않는 사회는 빵이라는 먹거리와 서커스라는 오락거리를 통해 바보가 되어 가는 현상에 빠지게 됩니다.

빵과 서커스에 만족하게 되면, 다시 말해서 스테레오 타입으로 살면 어떤 대상의 이면에 도사린 본질적 의미에는 관심도 없이 하던 생각만 하며 살게 됩니다. 반면에 '스마트폰이란 무엇인가?', '취직활동은 무엇을 위해서 하는가?', '편의점이 어떤 역할을 하기를 바라는가?' 등 '애초부터 그것은……'이라고 다시 파악하는 습관은 세상을 다시 바라보는 자세를 갖게 해줄 것입니다.

그러니 이제부터 무조건 스테레오 타입으로 흘러가지 않으면서 항상 본질을 꿰뚫어 보는 아키 타입의 자세를 갖기를 바랍니다. 무엇을 대하든 '애초부터'라고 묻는 생각 습관이 당신을 더 성숙한 지성의 세계로 안내할 것입니다. 그에 맞춰서 자신의 평소 사고나 습관, 관념을 벗어나 새로운 눈으로 세상을 바라보는 습관에 길들여지기를 바랍니다.

우수한 모델을 빌려 오는
비유의 기법

'메타포metaphor'는 비유한다는 뜻입니다. '인생은 뜬구름 같은 것'이나 '시간은 강물과도 같다'는 표현이 그것입니다. 인생이나 시간을 비유법을 사용하지 않고 그냥 말하면 사전적인 해석밖에는 되지 않기 때문에 재미도, 감흥도 없어지고 맙니다.

비유란 '인생=뜬구름', '시간=강물'이라고 말하듯이 무엇을 곧이곧대로 가리키지 않고 넌지시 빙 둘러서 말한다는 뜻으로, 이번에는 이 기법을 이용해서 이야기의 범위를 넓혀 나가는 방법을 생각해 보겠습니다.

독자 여러분은 이 장의 네 번째 글에서 다섯 살 아이가 알 수 있도록 예를 들어 이야기하는 방법인 '유추적 커뮤니케이션'을 배웠습니다. 거기서 우리는 인스타그램이나 주식을 뭔가로 빗

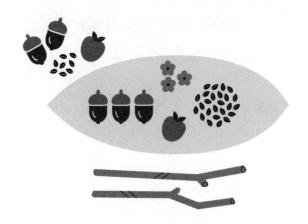

방법⑧ 비유의 기법

댄 뒤에 본래 내용을 설명하는 연습을 했습니다. 이때 우리는 아이에게 익숙하지 않은 것을 설명하기 위해 익숙한 것을 예로 가져왔습니다.

앞에서 인스타그램이나 주식을 아이들에게 설명하는 방법에 대해 말했는데, 이제 기업의 역할과 존재 이유에 대해 아이들에게 설명하는 방법도 고민해 봅시다. 기업을 하는 사람은 자본을 조달하여 생산 요소를 결합시켜서 새로운 부가가치를 지니는 재화와 용역을 생산하는 사람을 말합니다. 즉 기업가는 자본과 생산을 통해 상품이나 서비스로 돈을 버는 사람을 말합니다.

기업 활동을 하는 이유는 경제활동을 통해 벌어들인 돈이 개인은 물론이고 기업의 구성원의 생활, 더 나아가 국가를 떠받치는 재원이 되기 때문입니다. 이런 이야기를 아이들에게 어떻게 알기 쉽게 설명하느냐에 따라 유추적 커뮤니케이션 능력이 크게 향상될 것입니다. 이제까지는 우리에게 익숙한 사례를 설명하는 방법을 이야기했지만 여기서는 그 방향을 전환시켜서 익숙하지 않은 예를 가져와서 익숙한 것을 말해 보겠습니다.

연습 비유하면 비로소 보이는 것들

우리는 이 장의 세 번째 글에서 'A: 회의, B: 결혼식, C: 육아'를 뭔가에 빗대어 보다 재미있는 이야기로 만드는 연습을 했습니다. 이번에는 다음의 형태에 끼워 맞춰서 생각해 보길 바랍니다.

▶ 비유의 형태 : "A란 B와 같은 것이다. 왜냐하면……."

위의 문장에서 A는 선택한 것을 말하고, B는 비유, 말줄임표 부분은 이끌어 낸 새로운 견해를 말한다.

▶ 될 수 있는 한 구체적인 사안이면서 동시에 이미지가 먼 것을 가져오는 것이 제대로 빗대어 말할 수 있는 방법입니다. 특징을 끼워 맞춘다, 구조의 모델을 빌린다, '답다'를 이끌어 온다 등등 빗대어 말할 만한 것들을 연상해서 조합하는 가운데 자신이 좋아하는 생각법이 도출됩니다.

▶ 이끌어 낸 새로운 견해로 선택한 이야기가 어떻게 재미있어질지 기대하면서 생각해 보십시오.

W O R K S H E E T

비유의 기법

🔖 **비유의 형태에 끼워 맞춘다.**
　　A란 B와 같은 것이다. 왜냐하면······.

해설 비유 기법에 대하여

이 **연습** 에서 사용한 방법은 관점을 바꾸면서 여러 가지 다른 말로 바꿔 보는 것입니다. 이 과정에서 보다 유연하게 사고하게 되면 비유에 들어갈 때 이미지를 넓히기가 쉬워졌음을 알게 될 것입니다. 결론적으로, 연관성을 더 많이 발견하려면 정보를 다면적으로 바라보는 습관이 필요합니다.

어느 기업의 사원연수회에서 직장에서 흔한 회의를 칼을 꽂으면 해적인형이 튀어 오르는 게임에 비유한 사람이 있었습니다.

"회의를 그 게임에 비유한 이유는 누군가의 의견이 계기가 되어 새로운 아이디어가 불시에 툭 튀어나올지 모르기 때문입니다."

이 의견에 무릎을 친 이유는, 그 게임이 회의와 직접적인 연관성이 전혀 없는데도 이렇게 비유해 보니 직장인들에게 익숙한 회의라는 이미지가 게임할 때의 긴박감처럼 움직이기 시작했기 때문입니다.

그런 이미지가 한번 만들어지면 아이디어가 툭 튀어오를 때까지 전원 돌아가면서 발언을 한다, 실체가 분명한 발언을 내놓지 않으면 다음으로 넘어갈 수 없다, 발언이 전부 특별하지 않아도 된다 등 고구마 줄기처럼 회의에 관한 새로운 이미지가 끌려 나오게 됩니다.

어브덕션이 제대로 움직이면 생명력 있는 비유들이 줄줄이 이끌려 나옵니다. 이때는 자기 자신이 이러면 좋겠다, 이러면 더 재미

있겠다고 생각하는 이미지들을 뭔가 구체적인 것에 빗대 가면서 이야기를 이어 나가면 더 효과가 큽니다.

보이지 않는 것을 가치로 바꾼다

비유에 기대어 이야기를 전하는 커뮤니케이션은 세계 어디에나 있지만 동양 문화권은 특히 더 비유를 통해 의사를 전달하는 문화라고 할 수 있습니다.

고대 중국의 시인 묵객들은 강력한 통치자에 저항하기 위해 은유와 풍유의 시를 써서 백성의 마음을 흔들었습니다. 이는 고대 일본의 경우도 마찬가지여서 권력자를 향한 직접적인 비난이나 조롱 대신 자연의 사물에 빗대어 은근히 비꼬고 헐뜯음으로써 백성들의 공감을 이끌어 냈습니다.

우리의 인식은 반드시 사물을 정확하게 보는 것을 목표로 하지는 않습니다. 뭔가를 살짝 빗대어 유사한 동일성을 확인하는 것만으로도 커뮤니케이션을 실현할 수 있습니다.

말로 표현하기 어렵고 쉬워 보이지도 않는 것들의 가치를 공유하는 일에는 비유법이 유효하게 쓰입니다. 당신도 비유라는 무기를 빠르고 깊고 풍부한 소통의 도구로 맘껏 사용하시기 바랍니다.

가리면
더 분명히 보인다

어떤 대상물을 살짝 감춤으로써 상상력을 촉발시키고 호기심을 꺼내게 만드는 방법이 있습니다. 눈앞의 정보와 머릿속의 이미지가 서로 뒤엉켜 있을 때는 여러 가지 의문이나 호기심이 생기게 됩니다. 바로 여기, 의문이나 호기심이 싹튼 곳에 상상력이 움직이기 시작하는 것입니다.

두뇌에서 기억 능력을 담당하는 영역에는 안과 밖의 정보가 서로 뒤엉켜 있는 무도회장 같은 장소가 있습니다. 그곳을 적극 활성화함으로써 생생한 호기심을 촉발시키거나 정보를 마음에 남길 수 있습니다.

어떤 정보가 인풋input이 되어 확실하게 이해하고 온전히 내 것이 되기까지의 시간 동안 다채로운 연상이나 모습이 움직입

제3장 재능을 열어 주는 편집사고의 10가지 방법

방법⑨ 가리고 보는 상황

니다. 편집공학에서는 이 중간에서 흔들리는 이미지를 '프로필'이라고 부르는데, 편집과정에서 이것은 대단히 중요합니다. 앞에서 베이스, 프로필, 타깃의 'BPT모델'에 대해 말했는데 이를 다시 설명하자면 베이스를 보고, 확인하고, 타깃으로 향한 뒤 그 사이에서 움직이는 프로필을 잡아내면서 사고를 진행시켜 나가는 방식을 말합니다.

이것을 독서에 빗대어 말해 보겠습니다. 책이나 인터넷을 뒤지는 직접적인 방법으로 지식을 습득하거나 정답을 구하지 않고 호기심이나 상상력을 통해 목적하는 것을 취하는 독서방법을 편집공학에서는 '탐구형 독서'라고 부릅니다. 이 탐구형 독서의 방법을 설명해 보겠습니다.

연습 가리면 보이는 탐구형 독서에 도전한다

새 책 한 권을 책상 위에 꺼내 놓습니다.

〈표지 읽기〉

1. 읽는다 → 표지, 속지, 옆면, 띠지 등 표지의 이곳저곳을 살펴보십시오.

2. 가린다 → 눈을 감고 표지에 쓰여 있던 것을 떠올려 보십시오.

　　　　　제목, 저자명, 띠지의 문구 등이 어느 정도 떠오릅니까?

3. 본다 → 눈을 뜨고 표지를 확인해 보십시오.

〈목차 읽기〉

1. 목차도 표지와 마찬가지로 1~3의 '읽는다, 가린다, 본다'의 스텝을 밟
   아 봅니다.

2. 1분 정도 목차를 눈으로만 봅니다. 이때 '읽는다 → 10초 정도 눈을 감
   고 내용을 떠올린다 → 가린다'의 과정을 밟아 보십시오. 처음엔 분명
   히 공백투성이일 것입니다. 그다음 '눈을 뜨고 확인한다 → 본다', 이
   행동을 목차를 다 읽을 때까지 반복합니다.

3. 지금 눈앞에 있는 책이 어떤 책인지 가설을 세워 봅니다.

W O R K S H E E T

탐구형 독서

🔖 **책의 제목**

🔖 **어떤 책 같습니까?**

🔖 **탐구형 독서의 일부를 체험해서 깨달은 점**

탐구형 독서의 일부분을 직접 체험해 보았습니다. <표지 읽기>에서는 책의 내용을 어느 정도 상상할 수 있었습니까? <목차 읽기>에서는 책의 구조가 머릿속으로 들어왔습니까? 가리거나 보는 와중에 생각을 진척시킬 수 없는 답답함이 생겨났을 것입니다.

이 답답함이야말로 독서라는 행위를 앞으로 나아가게 하는 엔진입니다. 답답함이 생겼다는 것은 적어도 '알고 싶은 욕구'의 싹이 나기 시작했다는 뜻입니다. 어떤 독서든 이 호기심에 이끌리지 않으면 진정한 의미의 정보는 머릿속으로 들어오지 않습니다.

한 권의 책의 표지와 목차만을 가리거나 보거나 하면서 대강 머릿속에 집어넣고 어떤 내용의 책일지 가설을 세웁니다. 이 순서를 독서의 출발점에 놓으면 독서의 질이 확 오릅니다. 탐구형 독서에서는 이 스텝을 독전讀前이라고 부릅니다.

책을 읽는 과정에는 독전, 독중讀中, 독후讀後가 있는데 그것들을 전부 한데 묶어서 독서라고 부릅니다. 독전에서 상상력과 호기심을 불러일으키고, 독중에서 한꺼번에 내용을 받아들인 다음, 독후에서 책을 읽고 느낀 것을 자기 자신이나 세상과 연결하고자 편집하는 작업이 진행됩니다.

여기서는 그 가운데 독전을 체험해 보았습니다. 눈앞의 책으로 호기심이 쑥쑥 올라가는 과정을 통해 '가리고 보는' 방식이 큰 역할을 했다는 사실을 느낄 수 있었습니까?

그리고 마지막에는 '현시점에서의 가설'을 세워 보았습니다. 그 것은 아직 읽지 않은 책의 내용을 미리 예측하고 정리한다는 조금 익숙하지 않은 작업이었습니다. 이러한 독전의 과정을 거 치고 나서 내용이 궁금해서 못 견디겠다는 기분이 된다면 한 번에 내용을 다 읽어 봅니다. 그렇게 되면 언제나 하던 독서와 는 분명히 다를 것입니다.

창조성을 꺼내 주는 여백의 매니지먼트

인간은 인풋이 된 정보에 의해 의미를 이해하는 것만이 아니라 자신의 부족한 부분에 스스로 의미를 보태어 새로운 의미를 만 들어 내기도 하는데 바로 이것이 상상력이라고 할 수 있습니다.

이 시스템을 제대로 활용한 것이 '마음으로 채움'을 추구한 일본문화의 여백에 관한 미의식이었습니다. 일본문화의 여백, 결핍, 불완전함은 그 어느 것이든 상상력이 개입되는 여백을 남 기는 고차원의 편집 작업입니다.

한 권의 책을 가리거나 보거나 하는 와중에 생긴 정보의 결핍 이 자기 자신에게 의미를 만들어 내는 '기억의 무도회장'을 자 극합니다. 그것이 장기 기억의 바다로 정보가 흘러 들어가는 길

을 만들고, 지금까지 축적해 온 여러 가지 견해나 관념의 바다
를 뒤흔듭니다.

　이 같은 방법으로 읽은 책은 그 내용을 간단히 잊어버리지 않
게 됩니다. 독서뿐만이 아니라 창작활동이나 커뮤니케이션, 일
상적인 작업이나 학습에서도 '가리고 보는 방법'을 적용함으로
써 소중한 정보를 기억에 남기거나 자기 자신에게 새로운 의미
를 만들어 낼 수 있습니다.

이야기의 형태를
사용한다

인류 역사는 언제나 이야기와 함께했습니다. 이야기라는 정보 양식이 인류의 언어 시스템을 만들어 냈고, 그것을 통해 몇 세대에 걸쳐 사람들의 기억을 이어 왔으며 공동체의 인연을 확장하는 밑바탕이 되었습니다.

개인의 성장 과정에도 이야기의 힘은 크게 관여하고 있습니다. 사람은 누구나 이야기를 통해 세상을 파악하고, 인생을 살고, 커뮤니케이션을 해나갑니다.

그저 아무렇지도 않게 살아가는 나날 중에도 사실은 몇 가지 이야기가 숨어 있기 마련입니다. 그것을 꺼냄으로써 자기 자신이나 그 주변에 관한 일들을 다시 객관적으로 파악할 수 있고, 미래를 향한 이미지나 비전을 이야기라는 미디어를 통해 말할

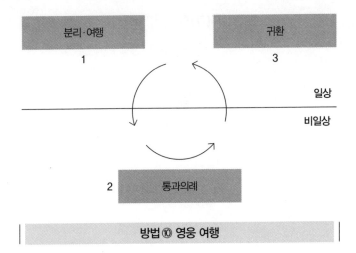

분리·여행 1	귀환 3

일상

비일상

2 통과의례

방법 ⑩ 영웅 여행

수도 있습니다. 이야기의 형태를 활용함으로써 누구나 이야기를 펼치는 사람이 될 수 있다는 뜻입니다.

앞에서 설명한 '이야기의 5대 요소'를 기억하고 있습니까? 세계관으로서의 월드 모델, 이야기의 줄거리가 되는 스토리, 장면을 구성하는 씬, 등장인물인 캐릭터, 그리고 이야기를 진행하는 내레이터였습니다.

여기서는 스스로가 내레이터가 되어 자신의 영웅 전설을 말하는 설정으로 연습해 보겠습니다. 이는 영웅 전설의 형태를 통해 자기만의 '영웅 여행'을 그려 내는 일입니다. 3가지 스텝을 통해 자신의 영웅 여행을 지난 삶의 경험들 속에서 발견해 보십시오.

연습 자신의 영웅 전설을 그린다

영웅 전설의 형태에 끼워 맞춰서 자기 주변의 이야기를 구성해 보십시오. 자기 자신의 이야기라도 괜찮고, 자신이 속한 커뮤니티 팀, 조직, 가족 등의 이야기라도 상관없습니다.

〈이야기 모형 - 영웅 전설〉

1. separation(분리·여행)

2. initiation(통과의례)

3. return(귀환)

▶ 자기 자신이나 주변의 일 중에서 꺼내고 싶은 이야기를 찾아보길 바랍니다. 이야기의 범위scope는, 수십 년 전이라도 상관없고 수일 전, 수 시간 전이라도 괜찮습니다.

▶ 우선은 월드 모델을 명확하게 합니다. 시대나 장소, 사회 배경이나 환경이 어떤지를 정하고, 그다음 영웅 전설 3단계를 간단히 정리합니다. 앞에서 나왔던 '방에 있는 좋아하는 것'으로부터 이야기의 단서를 발견해도 좋을 것입니다.

W O R K S H E E T

영웅 여행

🔖 월드 모델

🔖 씬, 스토리, 캐릭터

해설 영웅 여행에 대하여

그다지 드라마틱하지 않다고 여기던 자기 주변의 일들이 영웅 전설의 형태에 끼워 맞춰 보니 어떤 이야기든 흥미로운 스토리로 보이지 않았습니까?

'이야기'라는 방법은 자신과 세계를 어떻게 보느냐 하는 시간 틀을 동반한 정보 편집에 매우 유효합니다. 우선 어디에서 이야기의 실마리를 발견해야 할지가 어렵지 않았나요? 이때 자신의 기억을 향해 주의력이나 필터가 막힘없이 움직였을 것입니다. 어느 지점에서 연상의 네트워크를 넓혀, 영웅 전설의 형태에 어떻게 끼워 맞춰야 할지 혹시 시행착오를 겪지는 않았습니까?

이미 알아차렸겠지만 이야기라는 것은 편집력의 기법을 총동원해야 하는 정보 양식입니다. 하나하나 분해해서 보면 정말 어렵다고 느낄 수도 있지만, 여기에 하나하나의 형태를 갖춰 감에 따라 이야기가 자연스러운 모습을 갖게 됩니다.

왜냐하면 우리의 인식은 애초부터 '이야기 회로'를 갖추고 있어서 어떤 내용이든, 어떤 방식으로든 이야기를 하지 않고는 인간으로서 살아갈 수 없기 때문입니다. 그 증거로, 별것 아닌 이 연습을 통해 누군가에게 전하고 싶은 이야기가 생겨나지 않았습니까?

마음을 움직이는 이야기 접근법

오늘날은 이야기의 힘이 여러 가지 다양한 상황을 연출하고 있습니다. 기업들이 사회에 말하려는 것도, 학교가 학생들에게 가르치는 행위도, 부모가 자식들에게 전하려는 말도, 그 안에는 모두 이야기의 힘이 내재되어 있습니다.

자기가 누구이고 세상을 어떻게 만들고 싶으며 그를 위해 무엇을 하려고 하는지, 그러한 '월드 모델'의 설정과 이야기의 편집이 어느 조직이나 단체, 나아가서는 개인에게도 필요한 시대가 되었습니다. 그 의의나 의미에 공감하는 사람들이 모여서 함께 입장을 말할 수 있는 장을 만들어 가는 것이 이제부터 조직들이 가야 할 방향이라고 생각합니다.

'나답다' 또는 '우리들답다'를 자기동일성Identity, 타인과 구별되는 한 개인으로서의 특성이 항상 변함없이 이어진다는 생각으로 풀려고 하면 문득 괴로워지는 경우가 생깁니다. 애초에 사람이나 조직은 너무 복잡한 존재로, 하나의 견해로 집약해서 표현할 수 없기 때문입니다.

이야기는 '반드시 이렇게 되어 있어야 한다'는 정지된 이상상理想像보다는 '이렇게도 될 수 있고, 저렇게도 될 수 있다'는 동적인 상상력으로 향하게 마련입니다. 본질적으로 자기 자신은 누구인가 하는 주어적인 자기동일성이 아니라 여러 관계 속에서 자기 자신에게 '어떤 가능성이 열려 있는가?'라는 술어적 이야기성Narrativity을 편집공학은 중시합니다.

방법 ⑩ 영웅 여행

　결론적으로 말해서, 이제는 아이덴티티에서 이야기성으로 가야 한다는 말입니다. 여기서 잊지 말아야 할 것은 이야기는 언제라도 바꿔 쓸 수 있다는 사실입니다. 이 모든 것들을 생각의 바탕에 두고, 이야기의 형태와 편집력을 갖추고 미래를 향한 영웅 여행을 자유자재로 다시 다뤄 보십시오.

제 4장

편집공학연구소가
하는 일

편집공학은 어떻게
'재'를 여는 '능'이 되는가?

편집공학연구소는 지금까지 설명한 편집공학의 기법이나 생각법을 기반으로 다양한 일을 수행하고 있습니다. 정해진 규칙이나 이론의 틀을 뛰어넘어 새로운 지평으로 달려 나갈 때, 기존의 것들이 별로 도움이 되지 않는다는 문제가 어떤 조직이든 일어나게 됩니다.

편집공학연구소는 기업이나 개인이 그러한 터닝 포인트에서 더 나은 선택을 할 수 있도록 도와주는 일을 하고 있습니다. 그것은 기존의 관념이나 과거의 성공 체험을 모조리 밟고 넘어가는 일이기에 나침반이 기능을 발휘하지 못하는 숲속을 빠져나가야 하고, 어렵사리 헤쳐 나간 길을 여러 차례 되짚어 보면서 더 나은 결론에 이르려고 합니다. 이 같은 일을 완수하기 위해, 편집공학연구소는 생명줄처럼 꽉 붙잡고 있는 말이 있습니다. 그것은 다음과 같은 문장으로 요약됩니다.

생명에게서 배운다.

역사를 전개한다.

문화와 논다.

생명은 어떻게 그것을 둘러싼 정보들을 편집해 왔는지, 역사는 어떤 방법으로 상황을 전개해 왔는지, 문화는 사람들의 취향이나 놀이를 통해 무엇을 표상해 왔는지, 편집공학연구소는 그러한 의문들을 편집의 실마리로 하여 작업을 시작합니다.

지난 100년 동안 인류가 만들어 낸 가치관이나 시스템은 너무도 높고 크고 두텁기에 그것을 뛰어넘기 위해서는 다른 흐름을 만들어 내는 항로의 개척이 필요합니다. 지금까지 소개해 온 편집공학의 기법들은 '생명에게서 배운다, 역사를 전개한다, 문화와 논다'는 새로운 항로를 찾는 열쇠가 됩니다.

편집공학연구소는 이를 위해 우리의 세계관과 방법론을 공유하는 많은 파트너들과 팀을 꾸려가면서 다양한 사업에 임해 왔습니다. 그리고 그렇게 축적해 온 지적 자산과 인적 자산으로 고객이나 기업들과 함께 더 새롭고, 더 알차게 나아갈 수 있는 새로운 항로를 찾아 왔습니다.

　이 장에서는 편집공학연구소가 그동안 수행해 온 일의 일부를 소개하면서 편집공학이 어떻게 '재才'를 여는 '능能'이 될 수 있는지를 설명하겠습니다.

'루츠 에디팅'으로
미래를 그린다

'답다'를 찾아서 원하는 미래를 그린다

편집공학연구소에는 루츠 에디팅이라 부르는 연구법이 있습니다. 이것은 자신이 누구이고 어디로 향하는지 근본부터 스스로를 다시 파악하고 싶을 때, 그 조직이나 지역의 존재적 뿌리Roots를 찾는 것에서부터 시작해서 자기의 미래를 그려 나가는 방법입니다.

루츠 에디팅은 자신의 존재의식을 재확인하면서 미래로 향하는 틀을 갖춘 다음, 그것을 강한 비전으로 연결되게 하는 연구법으로, 그 대상은 어떤 터닝 포인트에 접어든 기업이나 새롭게 가치를 정의하고 싶은 지역문화 등 아주 광범위합니다.

이때는 조직이나 지역문화가 걸어온 길을 되돌아보는 것으로 그치지 않고 시대나 사회의 변천, 역사적 배경에 있던 사상이나 철학 같은 세계관의 뿌리를 탐구함으로써 조직의 미래를 그려 나갑니다. 이 작업을 통해 얻어 내는 것은 최종적인 성과물만이 아닙니다. 이런 과정에서 이끌어 낸 여러 관점들이 이후의 기업 활동이나 지역문화에서 깊이 있게 활용될 수 있도록 품격 있는 지적 재산으로 남기는 것입니다.

사례: 리쿠르트사 프로젝트

일본의 대표적인 인재 파견·홍보미디어 기업인 리쿠르트사는 루츠 에디팅 방식을 받아들여 이를 글로벌 진출의 원천으로 활용한 대표적인 기업입니다. 최초의 상담은 글로벌 진출과 상장을 앞두고 기업 자체를 새롭게 표현할 수 있는 키워드를 갖고 싶다는 의지에서 시작되었습니다. 그때부터 약 1년에 걸쳐 리쿠르트사와 편집공학연구소에서 각각 편집팀을 꾸려 리쿠르트만이 가진 특별함을 가시화해 나갔습니다.

　리쿠르트 그룹은 원래 '리본 모델*'이라는 독자적인 비즈니스 모델을 가지고 다채로운 사업 영역에 진출하고 있었고, 그때

---

* Ribbon Model. 고객(개인 및 일반 소비자)과 클라이언트(기업이나 사업자)와의 베스트 매칭을 낳는 구조를 말한다.(−옮긴이 주)

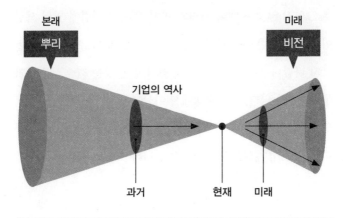

본래
뿌리

미래
비전

기업의 역사

과거   현재   미래

본래의 상황에서 미래를 창출한다

마다 특유의 기업문화를 바탕으로 리쿠르트만의 트렌드를 구축해 왔습니다. 이런 기업을 그들만의 개성으로 거듭나도록 언어화하는 것은 그리 간단한 문제가 아니었습니다.

우리는 조직에 내재된 유기적인 생명력과 다이내믹한 기업문화를 잃지 않도록 하면서 이제까지와는 별개의 새로운 언어로 표현되는 '리쿠르트다움'을 그려 내기 위해 세심한 주의를 기울였습니다.

리쿠르트다움이란 무엇인가? 무엇이 리쿠르트를 리쿠르트로 존재하게 하는가? 눈에 보이지 않는 이 핵심역량을 찾아내기 위해 우선 창업 이후 지금까지의 사내 정보들을 아키 타입으로 분석하는 것에서부터 시작했습니다. 그 과정은 다음과 같습니다.

1. 탐색과 분석Retrospective Approach

자료의 분석이나 관계자 인터뷰를 통해 기초 정보를 수집했습니다. 여기까지는 전통적인 작업 방식이지만, 편집공학연구소에서는 이 단계에서부터 배경에 있는 아키 타입을 찾아 연상을 펼쳐 나가고 정보의 가능성을 확장하는 방향으로 새로운 미래상을 그려 나갔습니다.

이때는 제3장에 말한 '아키 타입 연상'에 해당하는 방법을 빠른 단계로 쌓아 가면서 가설의 씨앗이 되는 정보들을 차곡차곡 이끌어 냈습니다. 이 단계에서는 함부로 미래를 내다보지 않고 목전에 놓여 있는 정보들을 최대한 추출하여 거기서부터 견해를 한층 더 넓혀가는 데 주력했습니다.

2. 가설과 임시조직Abductive Approach

리쿠르트가 가지고 있는 수많은 정보들로부터 특징적이고 핵심적인 것들을 따로 골라낸 뒤에 이 기업이 미래로 나아가야 할 방향에 대한 가설을 세웠습니다. 가설에는 콘셉트, 구조프로젝트의 조합, 작업 가설, 비전 등의 이미지가 포함되는데 시행착오를 거듭해 가면서 상호의 관계성마다 조합해 갔습니다. 이때야말로 어브덕션이 풀가동되는 지점이어서 대략적인 틀이 보이게 되는 모델을 세울 수 있었습니다.

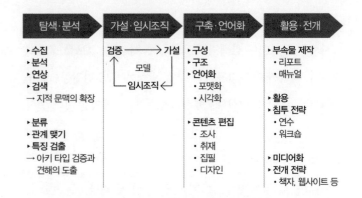

탐색·분석	가설·임시조직	구축·언어화	활용·전개
▸수집 ▸분석 ▸연상 ▸검색 → 지적 문맥의 확장 ▸분류 ▸관계 맺기 ▸특징 검출 → 아키 타입 검증과 　견해의 도출	검증 ─────▸ 가설 　　↑ 　　모델 └ 임시조직 ◂┘	▸구성 ▸구조 ▸언어화 　• 포맷화 　• 시각화 ▸콘텐츠 편집 　• 조사 　• 취재 　• 집필 　• 디자인	▸부속물 제작 　• 리포트 　• 매뉴얼 ▸활용 ▸침투 전략 　• 연수 　• 워크숍 ▸미디어화 ▸전개 전략 　• 책자, 웹사이트 등

리쿠르트 프로젝트의 전개 과정

3. 구축과 언어화Narrative Approach

지금까지 이끌어 낸 정보의 틀이나 콘셉트를 조직 내외에서 공유할 수 있도록 구체적인 언어나 비주얼로 만들었습니다. 이 과정에서 얻어 낸 여러 정보들을 바탕으로 조직 특유의 이야기 회로를 만들고 거기에 가장 알맞은 스토리를 배경에 배치했습니다.

그리고 전해야 할 메시지의 축을 단단히 세우면서, 보다 다채로운 이야기를 만들어 낼 수 있도록 힘을 쏟았습니다. 이렇게 함으로써 '답다'라고 하는 가시화하기 어려운 지식을 개개인의 이미지나 정감에 의해 공유할 수 있도록 했습니다.

4. 가시화와 전개Representation

이제 지금까지의 편집 성과들을 담을 그릇이 되는 어떤 형태를 만들어 적극적으로 표현합니다. 책자, 웹사이트, 영상 등 미디어를 제작하거나 이벤트나 워크숍 같은 커뮤니케이션이나 체험 학습도 있습니다. 기업에서 책자를 통해 '답다'를 표현하는 경우도 요즘엔 많이 늘었습니다.

'리쿠르트만의 독특함'을 창출하는 프로젝트에서는 이와 같은 루츠 에디팅을 찾아내어 그들만의 고유한 이미지를 극대화하도록 아날로지가 다양하게 움직이게 만들어 나갔습니다. 그렇게 해서 이끌어 낸 관점은 '리쿠르트의 오관五觀'이라는 다음의 5가지 요소로 집약되었습니다.

1. **사회관** – 모든 사람에게 기회의 궤도를 펼친다.

2. **사업관** – 결속과 친화의 경제를 지향한다.

3. **기능관** – 복잡한 것을 복잡한 채로 다룬다.

4. **조직관** – 개인을 넘어서는 조직의 총화.

5. **개인관** – 압도적인 주인의식을 추구한다.

우리는 최종적으로 '리쿠르트다움'을 둘러싼 관점을 《리쿠르트의 독특함, 기업문화와 비즈니스모델로 생각한 리쿠르트다움》이라는 한 권의 책자로 묶어 내어 리쿠르트의 조직원은 물론이고 협력업체를 포함한 많은 사람들이 공감하고 배우는 연결의 장을 만들어 냈습니다. 또한 편집공학연구소의 리더인 마쓰오카 세이고 소장은 그동안의 과정과 성과를 다룬 내용을 담아 《리쿠르트라고 하는 방식》을 책으로 펴냈습니다.

폴 고갱의 그림 〈우리는 어디서 왔는가, 우리는 누구인가, 우리는 어디로 갈 것인가?〉에 있는 이 질문이 기업에서도, 학교에서도, 지역에서도, 개인에게서도 지금이야말로 절실하게 자문할 시대가 아닌가 생각합니다. 앞을 꿰뚫어 보기 어려운 험난한 길을 가지 않으면 안 될 때야말로 한 번 멈춰 서서 자기 자신과 깊은 대화를 나눌 계기입니다.

책을 통해
과학의 매력을 전하다

이화학연구소&편집공학연구소의 〈과학의 길 100권〉

편집공학연구소는 2017년 여름 전국의 서점과 도서관에서 〈과학의 길 100권〉이라는 이름의 북페어를 전개했습니다. 이것은 일본을 대표하는 자연과학연구소인 이화학연구소理化學研究所와 편집공학연구소의 공동 프로젝트로, 엄정한 심사 기준을 통과한 100권의 과학도서를 통해 과학자의 삶이나 철학, 과학의 재미나 훌륭함을 많은 사람들에게 전달하려고 진행한 사업이었습니다.

과학의 매력에 서적의 매력을 더한 이 시도를 가장 먼저 반겨준 것은 현장의 서점 직원들이나 도서관 사서들이었습니다. 출판사 단독으로 개최되는 100권 규모의 북페어는 흔하지만 출판사의 틀을 넘은 책의 라인업으로 전국 서점과 도서관에서 일제히 열린 이번 북페어는 출판계 사상 처음 있는 일이었다고 합니다.

이 북페어는 일반인들이 손에 넣기 쉬운 과학 양서를 엄선했다는 점, 매력적인 북페어 공간을 연출하기 위해 전시 프로그램을 다양하게 짰다는 점, 게다가 100권의 라인업을 컬러로 소개한 소책자를 서점이나 도서관 앞에서 무료 배포한 점 등 지금까지의 북페어 상식을 완전히 뛰어넘는 시스템이 현장에서 놀라움과 감격을 자아냈다고 합니다.

청소년을 위한 〈과학의 길 100권〉 시리즈

전국의 서점과 도서관을 무대로 전개했던 〈과학의 길 100권〉 프로젝트는 학교 교사들이나 도서관 사서들의 눈에 들어 교육 관계자들은 물론이고 독자들에게 큰 반향을 일으켰습니다. 그중에서 '아이들을 위한 과학의 길 100권은 없나요?' 하는 요청이 많이 들어와, 제2탄 〈과학의 길 100권 주니어〉를 기획하여 서점과 공공도서관 외에도 초중고교 도서관을 대상으로 성황리에 행사를 전개했습니다.

이 과정에서 많은 학교에 〈과학의 길 100권〉을 보내는 것이 이 프로젝트의 커다란 전환점이 되었습니다. 청소년들에게 과학과 책의 매력을 보여 주고 지속적인 관심을 유도한다는 비전 아래 〈과학의 길 100권〉을 매년 정기적인 사업으로 발전시켜 나가기로 한 것도 하나의 결실이었습니다.

2019년 9월에 열린 〈과학의 길 100권 2019〉에서는 이화학연구소의 모든 연구자와 직원들을 대상으로 '어른이 되기 전에 꼭 읽어 봐야 할 과학의 길에 관한 책'에 대한 앙케트를 실시하여 새롭게 과학 양서를 뽑았습니다. 이때는 이화학연구소의 마쓰모토 히로시松本紘 이사장과 편집공학연구소의 마쓰오카 세이고 소장을 포함한 '과학의 길 100권 선정회의'가 열려 열띤 토론과정을 거쳐 선발했을 정도였습니다.

100권 중에 50권은 '과학의 길 클래식'으로 시대를 뛰어넘어 꼭 읽어야 할 과학도서 고전을 엄선했고, 나머지 50권은 매년 신간을 추천하기로 했습니다.

그러다 〈과학의 길 100권〉을 수업 교재로 활용하자는 움직임이 퍼져 나갔습니다. 모처럼의 책과의 만남을 보다 의미 있게 진행해 주길 바라는 마음에서 편집공학연구소의 '탐구형 독서법'을 차용하여 〈과학의 길 100권〉을 탐구 학습의 일환으로 다루는 프로그램까지 개발했습니다. 이런 독서운동은 점점 발전하여 전국의 많은 중고등학교로 퍼져 나갔습니다.

프로젝트의 뒷이야기:

이화학연구소의 100년과 과학자의 탐구사고 과정

이 프로젝트의 배경에는 창립 100주년을 목전에 둔 이화학연구소의 존재와 더불어 국민들에게 과학의 매력을 더 친숙한 모습으로 만들고 싶다는 요청이 있었습니다.

따라서 100년 동안이나 이어 온 연구소의 업적이나 정신을 어떻게 국민들에게 전할지, 어떻게 하면 과학의 매력을 더 극명하게 표현할지가 이 프로젝트의 핵심이었습니다. 우리는 우선 연구소가 중요하게 여기는 것들을 나타내는 핵심 키워드를 찾아내는 것에서부터 시작했습니다.

여기서도 편집공학연구소는 루츠 에디팅을 적용하여 이화학연구소, 과학, 과학자의 아키 타입을 찾아내어 여러 방면으로 연상을 펼치면서 '과학이란 무엇인가? 과학자란 누구인가? 이화학연구소란 어떤 존재인가'라는 논의를 펼쳐 나갔습니다.

이때 떠오른 것이 '길'이라는 단어입니다. 길은 여러 가지 의미로 쓰입니다. 예를 들어 진상을 파악하는 길, 우주로 떠나는 길, 과거로부터 미래로 이어지는 길도 있고 사람의 길이라는 도리도 있습니다. 참으로 뜻깊은 말인 '길'과 과학을 결합하여 이끌어 낸 콘셉트가 바로 '과학의 길'이었습니다.

이 콘셉트가 포괄하는 광대함이나 깊이를 유지한 채 일반인들에게 과학의 가치와 의미가 가까이 받아들여지게 하기 위해 과학 양서 100권이라는 라인업을 짜서 '과학의 길'이라는 콘셉트를 복합적으로 떠올리게 만드는 방법을 택했습니다.

'과학의 길'을 체험할 수 있는 100권을 고르는 데 있어서도, 100권을 어떤 이야기로 표현할지에 대한 분류 프레임이 필요했습니다. 3장에서도 소개했듯이, 정확하게 편집된 분류 프레임은 그 자체로 메시지가 됩니다. 분류 프레임의 편집도 하나의 이야기 접근법이기 때문입니다.

〈과학의 길 100권〉에서는 과학자의 사고 과정을 6가지 단계로 모델화해서 100권을 나누는 소제목으로 꾸몄습니다. 예를 들어 '과학자는 어떤 방식으로 사물을 생각하는가?'라는 물음은 '과학적인 생각'이라는 기초적인 주제에서 나온 것입니다.

우리는 과학자에 대한 탐구 과정에서 영웅 전설처럼 하나의 길을 만들고, 사람들의 이야기 회로에 도달하도록 편집 계획을 세웠습니다. 이때 도입부의 메시지는 다음과 같습니다.

세상은 수수께끼투성이.

인생은 벽으로 둘러싸여 있다.

미지의 세계에 계속 도전하는 과학자들의

머리와 마음을 들여다보면,

살아 숨 쉬는 힌트로 넘쳐난다.

앞으로 나아가고 싶은 모든 사람들에게 보내는

용기와 방법에 대한 과학의 길 100권.

과학자들의 빼어난 머리와 뜨거운 가슴이 녹아 있는 과학도서 100권을 통해 인생의 벽을 뛰어넘는 지혜를 얻게 된다는 의미의 이 글은 〈과학의 길 100권〉을 한 마디로 축약하고 있어 많은 이들의 호평을 받았습니다.

책은 문화자산, 더욱 폭넓게 활용하고 싶다

〈과학의 길 100권 2019〉에서 특히 눈에 띄는 것은 대상도서 100권에 뽑혔다는 출판사나 저자, 편집자로부터의 환호였습니다. 〈과학의 길 100권〉에 선정된 것이 책을 만드는 사람들 사이에서 영광스럽게 내세울 만한 일이 된 것입니다. 신간으로 잘 팔리는 책 말고도 시간은 지났지만 양서로 스포트라이트를 받을 수 있도록 시스템이 만들어진 것이 이 사업의 성과 중 하나입니다.

〈과학의 길 100권〉에서는 이미 절판이 된 서적도 다루었습니다. 이 시리즈에서 꼭 추천하고 싶은 양서임에도 반드시 서점에 유통되고 있을 리가 없기 때문입니다. 인류는 중요한 정보를 전달하기 위해 이야기라는 소통의 포맷을 만들어 냈습니다. 그것을 문자를 이용하여, 종이 같은 미디어를 통해 더욱 자유롭게 시공을 넘어서는 커뮤니케이션을 할 수 있게 되었습니다. 이 시리즈에 선정됨으로써 묵혀 있던 양서가 다시 한 번 각광을 받아 서점의 진열대에 되살아난다면 출판문화에 있어서도 의미 있는 일이 아니겠습니까?

서적은 시장에서는 하나의 상품이지만 그와 동시에 사회적으로는 문화자산이기도 합니다. 상품으로서의 책을 어떻게 다이내믹하게 움직이도록 만들고, 문화의 힘으로 활용해 갈 수 있을지를 고민하는 것이 이 시리즈의 핵심 목표이기도 합니다. 과학의 매력과 함께 서적의 가능성을 재발견한 〈과학의 길 100권〉 프로젝트는 참여하는 모든 독자에게 상상력의 가능성을 넓혀 주는 뿌리가 되어 가고 있습니다.

편집력을 배우는
인터넷 학교

2000년에 탄생한 온라인 편집학교

편집공학의 기법이나 생각법을 널리 알리고 일반인들과 공유하고자 편집공학연구소는 이시스 편집학교라는 기관을 운영하고 있습니다.

'21세기는 방법의 시대가 된다'고 줄곧 말해 왔던 마쓰오카 세이고는 21세기가 열리자마자 《지知의 편집술》이라는 책을 출판했습니다. 편집력을 기르기 위한 편집 수업에 더하여 그의 편집에 관한 견해를 추가해서 한 권의 책으로 엮은 것입니다.

20년 넘게 서점가 베스트셀러로 손꼽혀 온 《지의 편집술》에서 마쓰오카 세이고는 '편집을 한 마디로 정의하면 커뮤니케이션이 깊어지고 넓어지는 방법'이라고 정의하면서, 편집은 여기저기 흩어져 있는 정보들이 우리에게 쓸모 있는 지식이 되도록 하는 과정이라고 설명하고 있습니다.

이시스 편집학교는 《지의 편집술》을 모델로 하여 인터넷에서 개교한 비대면 편집학교로, 내가 입교했을 때는 '뇌에서 땀이 흐른다'는 문장이 컴퓨터 화면 상단에 붙어 있었습니다. 입교해 보니 정말 그 말 그대로 뇌가 땀을 흘릴 만한 감각의 사고 트레이닝에 휘둘려서 이제껏 느낀 적 없는 시원함을 경험했습니다.

왜 편집 연습에 집중하는가?

이시스 편집학교의 학생들은 연령, 직업, 거주지역 등 배경이 아주 다양합니다. 직장인, 학생, 의사, 경영자, 예술가, 교수, 주부 등이 있고 초등학생부터 80대 고령층까지 연령 분포 또한 폭넓습니다. 인터넷상의 학교이기 때문에 거주지는 전국 각지에 퍼져 있고 해외에 거주하는 참가자도 더러 있습니다.

평소에 좀처럼 만날 수 없는 듯한 속성의 사람들끼리 온라인상의 교실에 모여 편집 수업에 매진하는데 재미있는 사실은 대부분의 사람들이 이 수업에 아주 빠르게 빠져든다는 점입니다. 그 비결은 너무 다양해서 한 마디로 설명할 수 없지만 여기서는 그 대신 이 학교의 몇 가지 독특한 시스템이나 편집공학의 관점에서 비결을 풀어내고자 합니다.

문제, 회답, 가르침의 연속

우선 이시스 편집학교의 편집 교육은 문제를 받는 것에서부터 시작됩니다. 그 문제에 회답을 하면 편집 코치로부터 가르침을 받는 식으로 수업이 진행되는데, 문제와 회답은 전부 텍스트가 기본입니다.

요즘 같은 시대에 텍스트만 사용하는 온라인 학습이라면 재미없겠다고 생각할 수도 있지만, 이런 수업 방식이 이상하게도 특별한 효과를 낳습니다. 시각이나 청각을 사용하지 않고 오직 문자 정보만 주고받기 때문에 다양한 형태의 상상력이 필요하게 됩니다. 보이지 않는 만큼 뇌가 채우려고 하는 것입니다.

이를 가리켜 편집학교에서는 '마음으로 채운다'고 합니다. 그런 식으로 아주 적절하게 '가림'으로써 상상력의 극대화를 열어 가는 커뮤니케이션 스타일이 편집 수업의 인프라가 되고 있습니다.

이 과정을 코치가 세세하게 분절화하여 안내하면 학생의 상상력이 더욱 선명하게 움직이기 시작합니다. 이러한 학습 체험을 뒷받침하는 것이 코치의 가르침입니다. 그들의 가르침은 '지남指南'이라고 하는데, 이는 원래 '가르쳐 인도한다'는 뜻이지만 학생이 내놓은 답을 체크하거나 실수를 수정하는 과정이 아니라 어디까지나 각각의 편집의 가능성을 넓히기 위한 코칭 과정이라고 보면 됩니다.

예를 들어 '당신의 방에 있는 것들을 떠올려 보십시오'라는 주제가 있다면, 그 대답에는 정답이 없습니다. 사람들마다 다르기 때문입니다. 대신 코치는 학생들이 어떤 식으로 주의의 커서와 필터를 움직였는지, 그 움직임이 어떤 가능성을 품고 있는지를 세심하게 지켜봅니다.

그러면서 코치는 당사자가 미처 자각하지 못하는 섬세한 생각의 흐름을 구체적인 모습으로 밖으로 표출되도록 돕는 한편으로 그 사람 특유의 생각 습관이나 편집의 방향을 알려 줍니다. 코치가 그런 식으로 해당 학생의 생각을 설계해 나감으로써 학생은 자기 머릿속의 풍경이 마치 눈앞에서 펼쳐지는 듯한 느낌을 갖게 됩니다. 그리고 순식간에 새로운 자기 자신을 발견하는 국면에 들어서게 됩니다.

"코치님은 어떻게 그런 교육이 가능할까요?"

이렇게 묻는 학생들이 많습니다. 학생들의 사고를 철저하게 '무엇을, 어떻게?'라는 방식의 차원에서 바라봄으로써 거기에 어떤 견해나 가능성이 싹트는지를 학생 자신보다 더 빠르고 정확하게 파악할 수 있는데, 이 기능이야말로 편집공학의 본질이자 고도의 코칭 스킬입니다.

이시스 편집학교에서 배움을 이어 가고 지키는 방식

이시스 편집학교의 코스 프로그램은 '수파리守破離'라는 원칙하에 진행됩니다. 수파리는 원래 불교 용어로, '수'는 스승의 가르침을 지킨다는 뜻이고 '파'는 가르침을 깨뜨린다는 뜻, 그리고 '리'는 가르침으로부터 떠난다는 뜻입니다. 결국 수파리는 위대한 스승에게 기본을 열심히 배운 다음 하나의 독창적인 세계를 창조하기 위해 홀로 노력한다는 의미입니다.

이시스 편집학교에서 '수'의 과정을 마치면 '파'에 올라가는데, 이 과정에서는 이미 배운 '수'의 과정을 응용하면서 '이야기 편집술', '기획편집술' 등 실천적인 수업을 진행해 나갑니다. 그러다 '파'를 마치면 더 높은 단계로 올라갈 수 있도록 몇 가지 길을 열어 놓게 됩니다.

우선은 이 학교의 최상급 코스인 '리'가 있습니다. 이 코스는 18개월에 한 차례씩 개강하는데 정원이 정해져 있고 엄격한 시험을 치러야 합니다. 합격하면 4개월에 걸쳐 상상을 뛰어넘는 혹독한 편집 교육을 받게 됩니다.

나는 10년 전에 이 과정을 밟았는데, 편집학교에서 코치로 활동하는 오늘의 나는 그 4개월간의 수업 덕분에 가능했다고 생각합니다. 그때의 체험만으로도 나는 생각과 지식의 편집이라는 측면에서 새로운 지평을 열어 완전히 새로운 사람으로 거듭날 수 있었습니다.

이시스 편집학교에 모인 사람들은 편집공학을 배우는 동시에 편집공학연구소의 든든한 서포터이자 파트너이기도 합니다. 지금까지 이뤄 낸 많은 프로젝트들은 이들이 팀을 이뤄 완성해 왔고, 앞으로도 그럴 것입니다. 다양한 직업에 종사하는 사람들로 북적이는 이시스 커뮤니티는 배움의 장이자 편집공학을 사회에 환원해 나가는 창조의 장이기도 합니다.

여기서 소개한 사례들은 편집공학연구소가 활동한 내용들 중에서 극히 일부분이지만 어떤 일이든 이 책에서 소개한 편집공학의 기법이나 세계관은 공통입니다.

마쓰오카 세이고는 스태프들에게 가끔 '세련된 일탈'을 강조합니다. 정성을 들여 쌓아 올린 일들을 더욱 세련되게 만든 뒤에는 그곳에서 한 차원 다른 세계로 벗어날 수 있어야 한다는 가르침입니다. 그러한 성장과 일탈을 잇는 다리가 바로 편집공학이요 그것을 완성하는 길이라고 생각합니다.

제 5 장

세계는
이어져 있다

우리에게 남은 최후의 자원은
상상력뿐이다

세상을 어떻게 볼 것인가?

이 책에서 지금까지 다뤄 온 내용들을 한 마디로 표현하면 '세상을 어떻게 볼 것인가?'라고 할 수 있습니다. 우리는 그동안 정보의 바다에 마침표를 찍는다는 의지를 출발점으로 정보와 정보 사이에서 관계성을 발견하고 프레임이나 스키마라는 사고의 틀을 자각해 봤습니다. 그리고 정보는 다면적이라는 사실도 다각도로 들여다보았습니다.

유추의 아날로지와 가설 구축의 어브덕션이라는 편집 기법을 익혔고, 어포던스라는 시점으로 자신의 주변 환경을 돌아보니 세상이 얼마나 풍부한 의미로 넘쳐나는지를 알 수 있었습니다.

여기서 한 걸음 더 들어가 아키 타입에 빠져들고 '답다'라는 센서를 만들어, 가리면 보이는 방법으로 창의성을 되돌아본 후에 인류 역사와 함께 존재하는 이야기라는 정보 양식도 생각했습니다. 그리고 이야기의 힘을 배움으로써 생각의 편집이라는 전혀 새로운 세계 속으로 진입할 수 있었습니다.

제3장에서는 세계관을 유연하게 다시 파악하는 접근법을 체험했습니다. 이로써 분명 자기 자신이 사고할 때의 버릇도 새로이 발견했을 것이고, 바로 시도해 보고 싶은 편집 기법도 접할 수 있었을 것입니다. 사고는 습관에 의해서 만들어지는 것이기에 꼭 일상 속에서 폭넓게 활용해 보길 바랍니다.

우리는 또한 편집공학적 기법의 배경에 항상 '편집적 세계관'이라고 할 수 있는 것이 존재한다는 사실도 배웠습니다. 마쓰오카 세이고는《지의 편집술》의 서문에서 편집이라는 행위를 이렇게 말했습니다.

1. 편집은 놀이로부터 생겨난다.
2. 편집은 대화로부터 생겨난다.
3. 편집은 결핍으로부터 생겨난다.

여기까지 읽은 독자라면 그다음에 이렇게 이어진다는 사실을 알 수 있을 것입니다.

1. 편집은 조합이다.

2. 편집은 연상이다.

3. 편집은 모험이다.

편집은 무엇보다 관계의 발견이 핵심이고, 연상과 요약의 변환이 중요한 역할을 합니다. 그렇다면 마지막 모험은 무엇이겠습니까? 편집에서 모험이란 무엇이라고 생각합니까? 여기에서 '세상을 어떻게 볼 것인가?'가 크게 작용할 것입니다.

자기 자신을 둘러싼 풍경에 대한 시점이 바뀌거나 당연하다고 여긴 상식을 다시 파악하는 것은 조금 두려운 일입니다. 이 책의 서두에서는 스스로 껍데기를 깨기는 어렵다고 썼는데, 그만큼 나름의 용기가 필요하기 때문입니다.

친숙한 지금의 사고로부터 벗어나면 어떤 시련이 기다리고 있을지 모릅니다. 혼란의 순간이 생길지 모르고, 경우에 따라서는 소중히 여겨 온 것들을 다치게 할 수도 있습니다. 거기까지 가지 않더라도 그냥 왠지 귀찮을 것만도 같습니다. 하지만 그런 갈등을 넘어서 새로운 풍경이 눈앞에 펼쳐졌을 때, 지금까지 몰랐던 자기 자신을 만나게 됩니다.

편집공학은 이러한 편집의 모험에 연결되어 있는 다양한 도구나 무기를 엮어 내는 것이라고 볼 수 있습니다. 자기 자신이 가지고 있는 세상에 대한 생각에 어떤 흔들림이 일어난 곳에서,

능能의 기법은 재才의 잠재력을 이끌어 내는 단초가 될 것입니다. 세상에 대한 생각이라는 문제는 객관적인 사실이나 지식이 아닙니다. 어떤 촉발을 계기로 자기 자신의 내면에 만들어진 것입니다. 그것은 그곳에만 있는 세계관입니다.

편집력을 발동하려면 지금까지 자신을 지탱하고 있는 장소를 떠나기 위해 망설임 없이 움직여야 하고, 그러면 점점 모습이 변해 갑니다. 이 아찔한 전환의 시점에 자기 자신을 맡겨 두는 일을 할 수 있다면 고정관념의 틀은 몇 번이나 완화되고, 내면에 있는 편집력이 계속해서 끌려 나오게 됩니다.

그렇게 하면 세상을 바라보는 법이 바뀌어 다음에 이어지는 편집의 모험으로 이행할 수가 있습니다. 이렇게 새로운 자기 자신이 나타나는 소용돌이 속에서 끓어오르는 저력이야말로 재능의 정체가 아닐까 생각합니다.

마지막 장에서는 '세상을 어떻게 볼 것인가?'를 둘러싼 제 나름의 편집의 모험담을 모아 보려고 합니다. 자신의 내면에서 일어난 작은 충돌이나 발견 너머에 존재하는, 지금까지와 또 다른 각도로 편집공학의 옆모습을 비춰 보고자 합니다.

이러한 시도가 독자 여러분의 세상을 바라보는 견해에 작은 파문을 일으킨다면 완전히 새로운 감각이 무엇인지를 떠올리게끔 움직이게 할지도 모르겠습니다. 그 틈 사이에서 자신과 세상 사이에 있는 자유의 모습이 보인다면, 그것이야말로 분명 여러분이 만들어 낸 편집적 세계상의 일부일 것입니다.

디오라마와 피칭 머신

우리들은 매일 자신을 둘러싼 무수한 관계성 속에서 고민하거나 기뻐하면서 적절하게 살아가기 위해 눈앞으로 스쳐 지나가는 일상을 컨트롤하며 어떻게든 잘 넘기려고 합니다.

공부도, 일도, 인간관계도 자신이 관계하는 것들을 길들일 수만 있다면 매일 문제없이 지낼 수 있고, 게임 감각으로 바라보면 그 작은 도전의 연속은 커다란 보람이 되기도 할 것입니다. 그러다 잘 안 풀리는 일이 있으면 더 노력해서 잘되어 가도록 하면 됩니다.

그런 평범한 일상의 시야를 확 비튼 것은 지금으로부터 20여 년 전 어느 한여름의 정오 무렵이었습니다. 편의점에서 구입한 도시락을 손에 들고 전철의 건널목을 지나려고 신호를 기다리고 있을 때, 내가 디오라마*의 일부분이 된 듯한 기묘한 감각이 찾아왔습니다.

그때 나는 작은 플라스틱 상자 안에서 건널목의 신호가 바뀌

---

* diorama. 풍경이나 그림을 배경으로 그 위에 모형을 설치하여 하나의 장면을 만들거나 배치하는 것을 말한다.(-옮긴이 주)

는 것을 기다리고 있는 것 같았습니다. 느긋한 얼굴을 하고 대체 내가 저기에서 무엇을 하고 있지? 하는 감각에 빠졌었습니다. 신호가 바뀌어 건널목을 건너고 이윽고 시원한 사무실에 도착했어도 상공에서 나 자신을 내려다보는 듯한 그 영상이 머릿속을 떠나지 않았습니다.

그 기묘한 감각은 이내 지나갔지만, 그 뒤부터 그때의 디오라마의 광경이 작은 가시처럼 가슴속에 콱 박힌 채로 남아 있습니다. 그러한 감정은 '과연 세상은 내가 생각하고 있는 그대로인가?'라는 하나의 의문으로 집결되었습니다.

예를 들어 창문으로 보이는 빨래, 먼 곳에서 들리는 새들의 지저귐, 빨래를 흔드는 바람, 창문 너머 하늘의 청명함, 이러한 것들을 나는 그동안 나와는 상관없는 별개의 일로 치부하고 있었습니다.

그런데 그런 것들이 각자 한꺼번에 서로 묶여서 나의 감각 속으로 흘러들어 왔습니다. 그리고 이를 경험한 나는 그 풍경 속에서 분리될 수 없는 일부분이었습니다. 내가 알지 못하는 곳에서 또 새는 울고, 누군가는 그것을 들을 것입니다. 그 사람도, 새도, 거기에서 일어나는 풍경의 일부분이 되는 것입니다. 나는 그러한 풍경이 여러 곳에서 끝없이 계속되고 있다는 사실을 깨달았습니다.

이런 식으로 서로 얽히고설키는 복잡하기 짝이 없는 세상 속에서 나는 대체 무엇을 상대하고 있는 것인지, 일상의 이런저런 것들을 제대로 완수한 그 뒤에는 내게 무엇이 남아 있다고 할 수 있을지 의문이 들었습니다.

일단 그런 생각이 드니까 보는 것, 듣는 것이 모두 이상하게 여겨졌습니다. 어떤 대답을 찾아내면 좋을지 모르겠다고 하는 막연함 때문에 생긴 답답함에 갇혀 있을 때 섬광과도 같은 한 줄의 문장을 접했습니다. 다음은 마쓰오카 세이고의 《유학遊學 II》에 수록된 글입니다.

여러 가지 것들이 피칭 머신*으로 공이 던져지듯이 계속 저편에서 날아온다. 우리들은 이쪽에 있고, 날아오는 것이 무엇인지 보고 있다. 날아오는 것이 너무나 빠르고 많으면 그 하나하나를 식별하기란 불가능해서 그저 대강의 차이를 보는 것에 머무르지만 그것들이 비교적 완만하게 날아올 경우에는 그 모든 것에 이름을 붙일 여유가 생겨난다.

우리가 자연에 대해 갖고 있는 입장도 이런 것이라고 볼 수 있지 않을까? 휙휙 튀어나오는 리듬을 자연이라고 보는 입장도 있고, 그 하나하나가 가지고 있는 상태나 날아오는 법을 보고 거기서 자연을 생각

---

* pitching machine. 야구에서 타격 연습을 할 때, 타자에게 공을 던져 주는 기계를 말한다.(-옮긴이 주)

하는 입장도 있을 것이다. 이렇게 몇 가지 패턴이나 그룹으로 나누어 그것을 자연이라고 보는 입장이 있다 한들 이상하지는 않을 것이다. 그러나 이런 비유는 완전히 틀린 것이다. 우리 자신도 그 날아오는 것의 일부이고, 스스로 계속 날고 있는 상태에서 목을 빼들고 주위를 바라보려고 한다. 우리들은 피칭 머신의 이쪽 편에서 배트를 휘두를 준비를 하고 있는 게 아니라 한 개의 공으로 지금 공중에 떠있는 상태 인 것이다. 계속 날면서 목을 돌리고, 이미 자신 앞에 날아다니는 것 들이나 이제부터 뒤에서 날아오는 것들을 바라본다고 해야 한다. 그 리고 더욱 안 좋은 것은, 피칭 머신의 실체가 무엇인지 전혀 가늠조 차하지 못하는 것이다.

이 글을 읽으면서 무슨 이야기인지 잘 몰랐지만, 문득 내가 본 디오라마 광경이 떠올랐습니다. '그때 디오라마 속의 나는 피칭 머신의 이쪽 편에 있는 나였을까? 그것을 기묘한 기분으로 바라본 것은 건널목이나 전철과 함께 계속 날아오면서 목을 돌리는 공으로서의 나였는지도 모른다……. 응? 이게 무슨 말 이지?' 아무리 생각을 해도 가슴속에 복잡함만이 켜켜이 쌓이고 있었습니다.

그때 문득 20세기를 대표하는 철학자의 한 사람으로 손꼽히는 알프레드 화이트헤드Alfred Whitehead가 떠올랐습니다. 그는 '유기체 철학'을 설명하면서 이렇게 썼습니다.

모든 존재들은 서로 연결되어 영향을 주고받는다. 그러면서 창조적 과정에서도 서로가 협력적·유기적 의존 관계 속에서 완전을 향해 나가는 과정적 상태에 있다. 따라서 순수하게 개별적으로 존재하는 것은 없으며, 모든 것은 서로 영향을 주고 영향을 받는다. 현실의 존재와 심지어 추상적인 것들까지도 관계를 맺고 있다.

이 복잡하고 혼란스러운 세상

이 책은 '정보는 혼자서는 존재할 수 없다'는 말로 시작했습니다. 여러 정보에는 반드시 주변이 있고, 모든 것은 관계성 속에 놓여 있기에 편집은 결국 여러 관계가 맺고 있는 과정 그 자체라는 게 내 생각입니다.

화이트헤드는 케임브리지대학에서 수학자의 커리어로 시작하여 1910년부터 1913년에 걸쳐 버트런드 러셀Bertrand Russell과 함께《수학 원리Principia Mathematica》를 간행하는 등 연구를 계속하다가 과학철학과 맞닥뜨리게 됩니다. 노년에 하버드대학에 철학과 교수로 초빙되어, 그의 철학사상을 집대성한《과정과 실재Process and Reality》를 출간합니다.

나는 마쓰오카 세이고의 피칭 머신에 관한 이야기를 처음 접한 후에 우연히 이 책을 읽게 되었습니다. 내용이 도저히 이해가 안 되어 도중에 몇 번이나 그냥 던져 버렸지만, 다음 내용이 궁금해져서 다시 읽기를 반복했고, 한참 후 마침내 완독을 했지만 내용을 충분히 이해하면서 읽었다고는 볼 수 없었습니다.

그래도 나는 마쓰오카 세이고의 《천야천책》을 시작으로 철학자 야마모토 세이사쿠山本誠作, 나카무라 노보루中村昇의 책을 읽으면서 화이트헤드라는 높은 산을 겨우 오를 수 있었습니다.

나카무라 노보루가 화이트헤드를 처음 접한 것도 역시 마쓰오카 세이고가 계기였다고 합니다. 1970년대 후반에 어느 철학연구회에서 화이트헤드에 대한 마쓰오카의 이야기를 들었을 때라고 합니다. 그는 그때의 충격을 《화이트헤드의 철학ホワイトヘッドの哲学》이라는 저서의 서문에 생생하게 그리고 있습니다.

마쓰오카가 말하는 내용을 그때는 잘 몰랐지만, 화이트헤드가 엄청난 철학자임은 분명히 인식할 수 있었다. 나는 이렇게 화이트헤드라는 존재를 알게 되었다.

나카무라 노보루는 웬만한 철학 연구자들은 쉽게 접근하기 어려운 존재인 화이트헤드에 대해 이런 말을 덧붙였습니다.

피칭 머신을 은유한 마쓰오카 세이고의 글은 언제 읽어도 대단하다. 화이트헤드 철학의 특징을 짧은 문장으로 날카롭게 표현하고 있다.

이러한 연고로 어느 날 보았던 디오라마의 광경과 먼 곳에서 들리는 피칭 머신이라는 소리가 뫼비우스의 띠처럼 내 몸에 얽혀 들어서 그 후에도 계속 세상에 대한 나의 견해에 큰 부분을 차지하게 되었습니다.

사람들은 화이트헤드의 철학이 몹시 난해하다고 말합니다. 특히 《과정과 실재》는 철학 연구자들 사이에도 이해하기 어렵기로 손꼽히는 책입니다. 그에 대해 나카무라 노보루는 이렇게 말합니다.

그래도 잘 읽어 내려가다 보면 화이트헤드가 난해한 게 아니라 이 세계 자체가 난해한 것임을 알게 된다. 이 세계의, 이 우주의 상식을 벗어난 복잡함을 보는 것은 좋은 일이다. 웬만한 사람은 손을 쓰지 못하는 이런 상태를 화이트헤드는 우직하게 정면에서 그려 내려고 하고 있다.

우리들이 살고 있는 이 세계는 손을 쓸 수 없을 정도로 복잡하고 난해합니다. 그것을 화이트헤드는 가만히 주시하고, 상상을 넘는 해상도와 치밀함을 바탕으로 있는 그대로 표현한 것입니다.

프로세스와 리얼리티, 그리고 유기체의 철학

화이트헤드가 생각하는 우주는 모든 것이 서로 얽혀 있고, 눈 깜짝할 사이라도 멈추는 일 없이 존재하는 관계 그 자체의 유동체입니다. 유기체의 철학, 프로세스의 철학이라고 불리는 이 우주관은 과학적 유물론을 뛰어넘는 사색으로 펼쳐집니다.

화이트헤드는 실재란 생생하게 유전流轉하는 일들의 과정 그 자체라고 말합니다. 그는 사람도 물건도 항상 미래의 자기 자신이 '된다becoming'는 상태의 절정에 있고, 지금의 자기 자신으로서 '있다being'의 상태는 '된다'에 이르는 한 측면에 지나지 않는다고 말합니다.

이 '된다'의 과정에서 주어와 술어를 분절하지 않고 전부 감싸 안는 것을 '포착prehension'이라고 부릅니다. 그것은 '지금, 여기'에서 일어나고 있는 '느낌feeling' 그 자체이자 무수한 일들과의 관계 속에서 성립하는 동적인 경험입니다.

화이트헤드는 시시각각 일어나는 유일무이한 일들을 '현실적 존재actual entity'라고 이름 짓고, 그것이야말로 세계를 구성하는 가장 기본적인 요소이자 그 배경에 아무것도 없다고 말했습니다.

'흘러가는 강물은 끊임이 없지만, 그것은 원래 흐르던 물이 아니다'라는 말처럼 거기에는 변하지 않는 것처럼 보이는 것이 마이크로적으로는 끊임없이 생성하고 소멸하며, 매시간 새로운 것이 됩니다. 편집이란 그 과정들 속에서 우연을 필연화하는 일이자 필연이 된 것을 다음 우연으로 향하도록 움직이게 하는 것이기도 합니다.

화이트헤드는 기존의 체계나 경험론에 사고를 묶어 두는 방식을 철저하게 싫어했습니다. 《과정과 실재》의 서두에서 그는 '발견의 방법'을 비행기에 비유해 설명합니다.

발견의 진정한 방법은 항공기의 비행과 꽤 닮았다. 그것은 개개인의 관찰이 대지로부터 출발한다. 그리고 상상력에 의해 보편화라는 공기가 희박한 대기권으로 비약한다. 게다가 이성적 해석에 의해 예민해지고 갱신된 관찰을 위해 원래의 곳으로 착륙한다.

여기서 '관찰의 대지 → 상상력의 비약 → 이성적 해석'이라는 3가지 단계는 우리가 앞에서 배운 어브덕션을 연상시킵니다. 발견의 사고는 정지한 계획 속에서는 일어나지 않습니다, 관찰에 의해 놀랄 만한 일을 감지하면, 어딘가에서 힘을 내어 가설을 떠올릴 필요가 있고, 때에 따라 상상 이상의 것을 목표로 비약해 보려고 하지 않으면 그 후 끌어당길 만한 진정한 발견은 찾아오지 않습니다. 이러한 화이트헤드의 '발견의 방법'은 찰스 퍼스의 '탐구의 논리학'과 겹쳐집니다.

이렇게 화이트헤드의 철학 사상을 들여다보면, '정보는 혼자서 존재할 수 없다'는 말의 배경에 있는 광대한 우주의 망網을 생각하지 않을 수 없습니다. 현실적 존재들끼리 관계의 망 속에서 각자 제 의미를 찾기 위해 이 세계가 존재하는 것이고, 큰 보자기에 싸여 있는 듯이 유연하고 따뜻한 느낌이 내가 들여다본 화이트헤드의 우주입니다.

마쓰오카 세이고가 지향하는 세상

2004년 봄, 나는 이시스 편집학교에 입문했습니다. 그리고 마쓰오카 세이고의 책을 찾아 읽다가 피칭 머신에 관한 문장을 접했고, 이 이론을 차근차근 알아가던 중에 화이트헤드를 알게 되었습니다.

사물 사이의 이야기나 생각의 움직임이 이 세계에는 아주 충만합니다. 주체가 대상을 움직이게 하는 게 아니라 대상끼리의 움직임에 의해 세계가 구성됩니다. 이 이미지를 축으로 해서 모든 것은 켜켜이 겹쳐집니다. 마쓰오카 세이고, 화이트헤드, 오브젝트 지향, 편집공학……. 이렇게 다양한 풍경은 겉으로는 대단히 불확실하지만 확실한 동반자로서 나의 활동들을 지탱해주게 되었습니다.

그리고 최근 접한 미국의 철학자 스티븐 샤비로Steven Shaviro 의《사물들의 우주The Universe of Things: On Speculative Realism》는 오랫

동안 다 설명할 수 없었던 이러한 중첩된 풍경이 꽉 들어찬 책이었습니다.

샤비로의 이 책은 '유기체의 철학'과 최근의 철학의 새로운 조류를 연결하면서 서양 근대철학에서 합리주의의 핵심이 되어 온 인간중심주의에 의문을 던집니다. 한 마디로 이렇게 요약할 수 있습니다.

이제 슬슬 인간의 인식을 특별 취급하는 걸 그만두자. 우리가 없는 세계가 실제로 존재하니 말이다.

이런 발언은 일찍이 심리학자 제임스 깁슨이 모든 것을 인간의 인식과 뇌의 심원한 운영이 만들어 낸 기술이라고 해석한 전통적 견해에 대해 '나는 동의하지 않는다'고 말하면서 어포던스를 제창한 것과 일맥상통하는 점이 있습니다.

이러한 질문은 우리들이 앞으로 생태학적인 위기에 휘둘릴 만한 시대, 인간의 운명이 여러 가지 다른 존재들의 운명과 깊이 엉켜 있다고 생각하지 않을 수 없는 시대에 절박하게 고민해야 할 문제이다. 과학의 실험이나 발견의 진보라는 거울에 비춰 보면 이제 인간중심주의는 더 이상 기대할 수 없는 것이 되고 있다.

현재 지구상에서 일어나고 있는 여러 가지 문제의 긴밀한 관계성을 생각하면, 이제 인간만을 특별한 주체로 파악하는 것에는 무리가 생깁니다. 그런데 이것을 스티븐 샤비로는 거의 한 세기 전에 이미 이야기했던 것입니다.

마쓰오카 세이고는 '방법'이야말로 콘텐츠라며 '21세기는 방법의 시대가 된다'고 말했습니다. 그가 말하는 방법은 사람과 마찬가지로 사물에게도 머물러 있고, 그것들이 포함된 관계의 그물망 속의 일부로 우리들도 존재한다는 깨달음을 줍니다. 오로지 인간만이 주체가 아니라 책상도, 바람도, 나무도 뭔가와 관계하면서 관계의 그물망을 표류하고 있습니다.

미국의 철학자 그레이엄 하먼Graham Harman은 세상에 존재하는 여러 가지 것들을 '대상object'으로 바라보는 시점에서부터 논의를 시작하고 있습니다. 인간, 새, 다이아몬드, 로프, 중성자, 군대, 요괴, 전능 등 모든 것들에게서 공통되는 것은 모두 '대상에 관련되어 있다'는 전제하에 '대상은 모든 것에 있어서 균등하게 대상이다'를 전제로 합니다.

하먼은 인간이 아닌 대상 간의 인과관계를 인간이 인식하는 대상과 구별 없이 논하고 있습니다. 예를 들어 눈앞에 솜과 불이 있다면 거기에는 '사람과 솜'이나 '사람과 불'의 상호관계가 있는 것처럼 마찬가지로 '솜과 불'의 상호관계도 있다는 것입니다.

조금 복잡한 느낌이 들지만 이 말을 다른 각도에서 보자면 인간의 주관이 우위인 세계에서는 조연에 지나지 않는 대상들을 철학의 주인공으로 바라본 견해입니다. 이것은 결국 인간이라는 존재도 이 세계를 구성하는 수많은 대상의 일부에 지나지 않는다는 얘기입니다.

그레이엄 하먼은 존재자와 비인간적 존재자 모두 다른 사물들을 포착하고, 그것에 어떤 방식으로 관계하는 한 어느 것이든 모두 평등한 신분을 가지고 있다고 말함으로써 임마누엘 칸트적인 세계관을 파괴한 것입니다. '우리들이 보고 있지 않는 곳에서도 세계는 무수한 대상들이 넘쳐난다'고 말하는 그레이엄 하먼은 오늘날 가장 주목받는 철학자 중 한 사람으로 우뚝 서있습니다.

상상력이 이어 주는 세상

책상 위의 머그컵도, 커튼을 흔드는 바람도, 당신이 손에 든 이 책도, 그것을 읽는 당신도, 평등한 세계의 그물망을 떠도는 세상의 일부입니다. 이제 당신도 하먼의 시점을 빌려서 그런 식으로 세상을 한번 바라보는 건 어떻겠습니까?

우리는 자기 자신이라는 주체가 뭔가를 컨트롤할 수 있다고 지나치게 믿고 있는지도 모릅니다. 세상과 분리된 나를 중심으로 매일 계획을 세우고, 정답을 찾고, 어떤 미션을 수행하는 것에 온 힘을 쏟고 있습니다. 그 또한 빼놓을 수 없는 일상이지만, 때에 따라서는 그런 자기 자신을 멀리서 바라보는 유연한 상상력을 갖는 것도 인간이 지녀야 할 태도가 아닐까 싶습니다.

세계가 인터넷으로 연결되는 환경을 만든 인류는 테크놀로지의 힘으로 지금까지 손에 넣은 적이 없는 종류의 지성이 생겨났습니다. 그러나 한편으로는 헤아릴 수 없을 만큼의 시간을 쌓아 올려 온 지구환경에는 알 수 없는 변형이 생기기 시작해서 맹렬한 속도로 생태 환경이 변하고 있습니다.

이 세상은 애초부터 인간의 사고 속에 다 집어넣을 정도로 단순하지가 않습니다. 자기 자신의 상식이나 인식에서 빠져나오는 것에 써야 할 상상력이 점차 고갈되어 우리의 '내일의 안녕'이라는 발판을 무너뜨리고 있습니다.

우리의 편집력이라는 것은 반드시 개인 속에 갇혀 있는 건 아닙니다. 여기까지 계속 읽어 왔듯이 자기 자신과 세계 사이에 싹을 틔우고, 잎을 만들고, 줄기를 키워 온 것입니다. 세상의 모든 대상은 언제나 상호작용 속에 있어서 자신이 살피지 못한 여러 곳에도 편집의 흔적은 남아 있습니다.

우리가 아침 일찍 산책하는 오솔길 옆의 식물은 광합성이라는 편집 활동을 하고 있고, 출근하는 사람들의 무리가 도시의 흐름을 편집하고 있습니다. 발밑에는 개미나 지렁이나 박테리아가 생명 활동을 편집하는 중이고, 자신의 몸을 만들고 있는 세포나 장기는 이 순간에도 체내의 정보를 쉬지 않고 편집하고 있습니다.

편집력으로 충만한 세계에서 간단없이 생겨나는 의미들을 우리는 상상의 힘으로 연결 지어서 새로운 의미로 편집해 갈 수 있는 것입니다. 그랬기에 영국의 소설가 J. G. 밸러드James Graham Ballard는 '인류에게 남겨진 최후의 자원은 상상력'이라고 말했던 것입니다.

인간은 이다지도 작지만 상상력은 우주를 감싸고도 남습니다. '세계를 어떻게 볼 것인가?'라는 견해를 둘러싼 편집에 대한 모험은, 이 작고도 큰 자기 자신을 발견하는 것에서 시작할지도 모릅니다. 편집공학은 이 큰 상상력을 한 사람 한 사람 속에서 해방시키고, 그것들을 서로 이어 주는 촉매가 될 것입니다.

끝마치며

최근 몇 년 동안 편집공학연구소의 활동을 책으로 내야 한다는 목소리들이 여기저기서 들려왔습니다. 마쓰오카 세이고가 《지의 편집공학》을 쓴 것이 1996년으로, 그로부터 25년 이상 흐르는 동안 세상도 크게 변했고 편집공학도 시대에 부응하면서 여러 가지로 표정을 바꿔 왔습니다.

'생명에게서 배운다. 역사를 전개한다. 문화와 논다'를 모토로 하는 편집공학의 세계관과 편집이라는 견해와 방법이 이 혼란한 시대에 더욱더 필요하다는 것을 매일 활동하면서 피부로 느꼈습니다. 그런 흐름 속에서, 이 책의 기획을 시작했습니다.

편집공학연구소에 참여한 지 10년, 마쓰오카 세이고가 이끈 지식과 함께 밝힌 세계상이나 방법으로서의 편집공학의 모든 것이 나 자신에게는 아직 일부분밖에 보이지 않는다고 생각해 왔습니다.

그러던 와중에 '편집공학의 현재'를 한 권의 서적으로 정리하는 시도는 마치 뜬구름을 잡는 듯한 말도 안 되는 작업이었습니다. 객관적인 지식이나 기법의 체계로 정리하려면 정말 나 혼자만의 이해나 경험이나 편집력으로 맞설 수 있는 일이 아니었습니다. 대체 무엇을 쓰면 편집공학을 쓴다는 것이 될까? 그런 자문자답 중에 마쓰오카 세이고로부터 받은 어드바이스는 이것이었습니다.

자신의 발견을 쓰시오!

편집이란 결국 지식이 아니라 체험이라는 기본적인 사실을 떠올렸습니다. 지금까지의 나 자신을 되돌아보면서, 편집공학을 통해 무엇을 발견하고 무엇을 확신하고 무엇으로 돌파해 왔는지, 그 과정과 함께 지금 나 자신이 서 있는 위치에서 편집공학을 바라보자, 그런 각오로부터 이 책의 집필을 시작했습니다. 그 중심에 있었던 것은 인간의 상상력을 둘러싼 몇 가지 확신이었습니다. 나는 크게 3가지의 조망을 염두에 두고 있었습니다.

첫 번째는 상상력은 해방되고 싶어 한다는 것입니다. 풍부한 상상력은 어떤 특별한 사람에게만 한정되는 게 아니라 누구나 내면에 갖추고 있는 것입니다. 따라서 그것은 '있다, 없다'의 문제가 아니라 의지를 가지고 '해방한다, 해방하지 않는다'의 차이에 불과합니다.

한편으로 이미지는 자기 자신이 존재한 훨씬 옛날부터 기원이나 변천이 있어 왔습니다. 그 세계에서 이어져 온 이미지의 역사와 자신의 내면에 있는 상상력의 만남으로 인해 우리는 더욱 강한 힘을 가지고 해방이 됩니다. 이 책의 '들어가며'에서 말했던 '줄탁동시'가 이미지의 현장에서 항상 일어나기 마련입니다.

> "뭐지, 이것이 우리들이 엄청 찾아 헤맨 파랑새인가?
> 꽤 먼 곳까지 왔지만, 파랑새가 여기에 있을 줄이야."
>
> _ 모리스 마테를링크 Maurice Maeterlinck의 희곡 《파랑새 L'Oiseau bleu》 중에서

책에서 파랑새는 멀리 날아가 버렸듯이, 겨우 발견한 우리들의 상상력도 언제까지나 옆에 가만히 있지는 않습니다. 날아가 버리고 싶어 하는 상상력의 날갯짓 속에서야말로 분명 찾는 게

끝마치며

있을 것입니다.

두 번째는 상상력은 결코 고갈되지 않는다는 것입니다. 상상력은 여러 가지를 움직여 가기 위한 근본적인 에너지가 분명하지만 이 자원을 아무리 사용해도 돈이 들거나 지구에 상처 입히는 부작용은 없습니다. 뭔가 문제가 있다면 지금까지 자각하지 못한 채 받아들였던 개념이나 제도나 시스템이 해방된 상상력의 세계에서 갑자기 호박마차로 보이는 정도일 것입니다. 그것이 곤란하다면 마차를 바꿔 타거나 길가에 내버리고 그냥 걷거나 행선지를 바꾸면 됩니다.

앞에서 소설가 J. G. 밸러드가 '인류에게 남겨진 최후의 자원은 상상력'이라고 한 말을 소개했습니다. 이것은 밸러드가 마쓰오카에게 직접 건넨 말이라고 합니다. 1980년 한겨울, 런던에서의 일입니다.

인터뷰가 끝나기 얼마 전, 밸러드는 뜻밖에 이런 말을 했다. 그 말을 잊을 수가 없다. "마쓰오카 씨, 지구상에 남겨져 있는 최후의 자원은 무엇이 될 것 같아요? 나는 상상력이라고 생각해요. 이제 지구에는 상상력밖에 남아 있지 않아요."

그렇다면 우리들은 인류에게 남겨진 최후의 자원이 무엇을 향하도록 해나가야 하겠습니까?

세 번째는 상상력은 희망으로 이어진다는 것입니다. 존 싱글 톤John Singleton 감독의 영화 〈어브덕션〉에는 '좋은 가설은 밝은 두근거림 같은 여파를 불러온다'는 말이 나오는데, 좋은 상상력 은 다음에 이어지는 상상력을 이끄는 계기가 됩니다.

그것이 이어지는 곳에서는 발밑에 엉켜 있는 제도나 제약이 나 한계를 쉽게 초월해 갈 수 있습니다. 우리들의 사회는 이미 많은 결정들로 길이 정해져 있는 듯이 보이지만 본래 인간은 제 도 이전의 곳에서 서로 이어져 살아왔습니다.

오스트리아의 철학자 이반 일리치Ivan Illich는 이러한 상태를 '친목적인 사회convivial society'라고 규정했습니다. 'conviviality' 는 활력 있는 공생, 자립공생을 추구하는 일리치의 말로, 제도 나 도구에 인간이 종사하는 게 아니라 그것들을 이용해서 활력 있는 상호관계를 맺는 사회적 상태를 지향하는 것입니다.

일리치는 그러한 과정을 통해 막연했던 미래에 대한 대처가 아니라 의연하게 희망을 접촉하는 상상력이 다리가 되어 친목 적인 사회를 만들 수 있다고 말했습니다.

미래 따위에게 엿을 먹인다. 그것은 인간을 잡아먹는 죽음의 신이다. 제도에는 미래가 있지만 인간에게 미래 따위는 없다. 있다면, 희망뿐이다.

나는 이 책을 쓰면서 상상력의 가치에 대해 여러 차례 다시 생각했습니다. 그 사람에게만 머물러 있는 '재'란 개인의 정지된 특성이 아니라 언제나 움직이도록 만들 수 있는 상상력 그 자체입니다. 그것을 끌어내는 '능'이 자기 자신의 내면과 외면을 자유자재로 이어 주는 편집력입니다.

재능이란 내 안에 있는 상상력을 자유자재로 이끌어 내는 힘이라고 할 수 있습니다. 그 힘이 한 사람 한 사람 안에서 눈뜨게 하는 것은 인류와 자원을 풍부하게 해나가는 일 외에는 없습니다. 그를 위해서 눈에 보이지 않는 도구나 장비나 테크놀로지로 편집공학을 갖추기를 바란다는 것이 이 책을 통한 제안이었습니다.

마지막까지 읽어 주셔서 감사합니다. 이 책 한 권이 독자 여러분의 생각 습관을 바꾸고, 상상력을 크게 열어 줄 계기가 된다면 그보다 기쁜 일은 없을 것입니다. 언젠가 어디선가 만나서 맘껏 이런 이야기를 나누기를 기원하겠습니다.

옮긴이 이정은

고려대학교를 졸업하고 일본 히토쓰바시대학一橋大學 대학원에서 석사학위와 '한일 근대의 인쇄 매체를 통해 나타난 근대여성 연구'라는 주제로 박사학위를 받았다. 현재 일본에서 대학강사로 활동하고 있다. 번역서로 《만만하게 보이지 않는 대화법》, 《도망치고 싶을 때 읽는 책》, 《자기 자신을 좋아하게 되는 연습》, 《살아남는다는 것에 대하여》 등이 있다.

생각의 편집

초판 1쇄 인쇄일	2021년 09월 03일
초판 1쇄 발행일	2021년 09월 10일
지은이	안도 아키코
옮긴이	이정은
발행인	이지연
주간	이미숙
책임편집	정윤정
책임디자인	이경진
	권지은
책임마케팅	이운섭
경영지원	이지연
발행처	㈜홍익출판미디어그룹
출판등록번호	제 2020-000332 호
출판등록	2020년 12월 07일
주소	서울시 마포구 독막로18길 12, 2층(상수동)
대표전화	02-323-0421
팩스	02-337-0569
메일	editor@hongikbooks.com
제작처	갑우문화사

ISBN　　　　　979-11-9142-042-5 (03300)